Fuente Ovejuna

Καὶ νέους θάρσυνε· νίκης δ᾽ ἐν θεοῖσι πείρατα.

ΑΡΧΙΛΟΧΟΣ
ΕΛΕΓΕΙΑ, ΤΕΤΡΑΜΕΤΡΑ (57 D)

Anima tú a los jóvenes: a los dioses les toca determinar el triunfo.

ARQUÍLOCO
Elegías, tetrámetros (57 D)

CÁTEDRA BASE

Fuente Ovejuna

Lope de Vega

Edición de Elisa Hernández

CÁTEDRA

Colección dirigida por José Mas y M.ª Teresa Mateu

1.ª edición: marzo de 2025

Diseño y cubierta: M. A. Pacheco y J. Serrano
Ilustración de cubierta: David Teniers, *Fiesta campestre*
(detalle), 1640-1650

© De la introducción y notas: Elisa Hernández Ruiz, 2025
© Ediciones Cátedra (Grupo Anaya, S. A.), 2025
Valentín Beato, 21. 28037 Madrid

ISBN: 978-84-376-4863-7
Depósito legal: M. 25.155-2024
Impreso en España - Printed in Spain

PAPEL DE FIBRA
CERTIFICADA

ÍNDICE

INTRODUCCIÓN

«Fuente Ovejuna, todos a una», «¿Quién mató al comendador? Fuente Ovejuna, señor». Es posible que no hayas oído estos dichos, pero eran muy conocidos y bastante usados hasta época muy reciente. Su origen se remonta al siglo XV y, transmitidos de generación en generación, han pervivido hasta nuestros días; forman parte de la memoria colectiva, de nuestro acervo cultural, por lo que, cuando se quiere aludir a la fuerza de la rebelión conjunta contra la opresión y la injusticia, es fácil que nos vengan a la mente. Y aunque ahora la multiplicación de canales culturales y mediáticos y el cambio de referentes han debilitado parte de ese «saber compartido», algunos resisten bien y aún seguimos oyendo la frase «Fuente Ovejuna lo hizo» como símbolo de justicia colectiva.

Esta obra es la más conocida de Lope de Vega y una de las que más se presta a ser disfrutada por el público de hoy, ya que, aunque lejana en el tiempo, sus temas nos tocan de cerca: la tiranía de los poderosos y la opresión de los más débiles, la justificación ética de la rebelión violenta, la desigualdad social de la mujer y los abusos que sufre por ciertos hombres que se creen dueños de ellas son algunas de las cuestiones que plantea y de las situaciones que seguimos padeciendo. Y aunque, seguramente, lo que nos atrae hoy de la obra es bien distinto a lo que percibía el espectador del siglo XVII, y lo que Lope perseguía con ella es lo que menos aplaudimos hoy, adentrarnos en esta obra nos permitirá entender lo excepcional del drama y de su autor.

Lope o la plenitud del vivir

Sí, *excepcional* es un buen adjetivo para Lope de Vega: el creador de la comedia nacional; el dramaturgo que dijo escribir más de mil quinientas comedias; el escritor que pensaba en verso; el poeta indiscreto que aireaba sus amores y el reflexivo que confesaba sus tormentos; el enamorado que cantaba a sus amadas trasformadas en Filis, Belisa, Lucinda, Amarilis o Marcia Leonarda; el padre de familia cariñoso con su innúmera prole; el plebeyo que murió esperando un título y hubo de hacer de celestina para algún duque; el sacerdote atormentado; el hombre que vivía amando, que necesitaba amar para vivir y escribir... Una vida de una intensidad que produce asombro y una personalidad tan contradictoria, vital y desmesurada como algunos de los rasgos de la época que le tocó vivir. «Monstruo de Naturaleza» le llamó Cervantes. Es fácil entender por qué cuando nos aproximamos a su vida, llena de pasiones y sucesos extraordinarios, y a su ingente obra, que abarca todos los géneros. Aquí no lo vamos a abordar, pero no dejes de hacerlo. Nos centraremos en analizar la obra que nos ocupa y su contexto, con especial foco en el ambiente teatral de la época.

Declive del Imperio y esplendor artístico

Entre 1562 y 1635 —fechas que enmarcan el nacimiento y la muerte de Lope— se suceden los reinados de Felipe II, Felipe III y Felipe IV. Con el primero España se despide de su sueño imperial y del pensamiento humanista y europeo. Cuando Felipe II asume el trono de Castilla, la encuentra prácticamente arruinada (el *Lazarillo de Tormes* refleja bien esos tiempos de necesidad y hambruna); además, las diversas luchas de religión que emprende —contra los turcos, contra los protestantes del norte de Europa—, solo agravan la situación. De América llegaba gran cantidad de plata; en Castilla se recaudaban fuertes impuestos, pero los gastos generados por las guerras y el endeudamiento de la hacienda española llevan a la bancarrota.

Su sucesor, Felipe III, apellidado «el Piadoso», falto de carácter para afrontar la gobernanza, dejó esta en manos de validos como el duque de Lerma, con el que se generalizan las intrigas palaciegas, la corrupción y el desprestigio imperial. Su prematura muerte llevó al trono, en 1621 con solo dieciséis años, a su hijo, Felipe IV, el Rey Planeta, un monarca complejo lleno de luces y sombras.

A pesar de que se le conoce también como «el rey pasmado» (por su impasible rostro, retratado por Velázquez), fue un hombre cultivado, con inquietudes artísticas e intelectuales. El principio de su reinado está marcado por la figura de su privado, el conde-duque de Olivares, un hombre arrogante y ambicioso —como se trasluce en el retrato ecuestre que de él hace Velázquez— que hizo una política muy controvertida: buscando la eficiencia administrativa, sus intentos de centralización provocaron rebeliones como las de Cataluña y Portugal, que logra independizarse, y su apuesta por mantener la hegemonía española en Europa le lleva a diversos enfrentamientos militares cuyos costes elevados agravaron la situación económica. Fue procesado por la Inquisición en 1644. Felipe IV siguió reinando hasta 1666. El declive del Imperio español coincide con el esplendor cultural y artístico de nuestro Siglo de Oro.

Teatro, más teatro, por favor; pero que sea «de Lope»

En la España de tránsito del Renacimiento al Barroco, donde los retazos del vitalismo humanista conviven con el desencanto y la miseria, junto al teatro cortesano y religioso, empieza a triunfar el de carácter popular, ese que durante el siglo XVII alcanza su plenitud y adquiere valor social al convertirse en todo un fenómeno de masas.

En este proceso es crucial la aparición de los llamados *corrales de comedia*, espacios fijos para la representación, que pronto se consolidan en las principales ciudades: Valencia (Casa de la Olivera), Sevilla, Valladolid, Toledo, Barcelona y, especialmente, Madrid (Corral de la Cruz; del Príncipe, de La Pacheca...). Se instalaban en los patios o corrales de los edificios, al descubierto; el escenario se situaba frente a la puerta de entrada y el público se distribuía de forma estricta según su sexo o estrato social: los nobles y ricos ocupaban las ventanas laterales que daban al patio, los *aposentos;* los comerciantes pudientes se sentaban en las *gradas* (bajo los aposentos) y *lunetas* (delante del escenario); las mujeres ocupaban la *cazuela*, el palco situado sobre la puerta de entrada; en el *patio*, de pie, el pueblo llano, con su fondo de *mosqueteros,* el sector que más jaleo armaba y del que dependía el éxito o fracaso de la obra (aplausos estruendosos si gustaba o, por el contrario, pateos y silbidos, incluso el arrojamiento de huevos y fruta podrida como ruidosa señal de protesta).

Las representaciones se hacían de día y solían durar unas tres horas. Los decorados eran sencillos, generalmente reducidos a una cortina que ocultaba el escenario y se descorría tan solo al iniciarse la función. No había descanso, sino que se aprovechaban los entreactos para representar obritas cortas que formaban parte del espectáculo total. Este solía presentar la siguiente estructura: una loa de apertura para captar la atención y alabar la obra precedía al primer acto; después de este, un entremés; al segundo acto le seguía otro entremés o una jácara, y, tras el tercero, la función finalizaba con una mojiganga o baile de máscaras.

La actividad en los corrales cobró tal importancia que fue necesario reglamentar todo lo que con ellos tenía que ver: horarios, precio, comportamiento del público, permisos para la venta de frutas y bebidas (entre estas, la aloja, una mezcla de agua, miel y especias, muy popular en la época).

Junto a los corrales de comedia, el factor determinante en la revolución teatral que se produce durante esos años es el propio Lope. Si se dice de él que es el *creador del teatro nacional* es porque tuvo la habilidad de encontrar una nueva expresión dramática capaz de interesar a todos los estamentos de la sociedad: *la comedia nueva.* Por cierto, maticemos que con el término *comedia* se aludía a cualquier obra dramática, y que se llamó *nueva* para distinguirla de la obra teatral clásica. Sus rasgos, aunque con influencia de otros autores —el valenciano Virués, Lope de Rueda y algún otro—, son fruto de la práctica y la experiencia de este autor y de su asombrosa intuición para saber qué gustaba en las tablas. En 1609, coincidiendo con el periodo más álgido de su producción (1600-1620), los sintetiza en su tratado *Arte nuevo de hacer comedias en este tiempo.*

Esta obra, especie de «ensayo en verso» con buena dosis de ironía, la escribe Lope para defenderse ante los académicos de sus detractores, para justificar su teatro más libre de preceptos:

> y, cuando he de escribir una comedia,
> encierro los preceptos con seis llaves;
> [...]
> y escribo por el arte que inventaron
> los que el vulgar aplauso pretendieron,
> porque, como las paga el vulgo, es justo
> hablarle en necio para darle gusto.

A lo largo de 389 versos, Lope comenta sus logros y fracasos y da pautas y consejos para escribir comedias de éxito:

> Remátense las escenas con sentencia,
> con donaire, con versos elegantes
> [...]
> Acomode los versos con prudencia
> a los sujetos de que va tratando
> [...]
> En el acto primero ponga el caso,
> en el segundo enlace los sujetos...

Y todos estos rasgos, aunque evolucionen y se maticen, son los que singularizan a todo el teatro de la época, que presenta las siguientes características:

• Ruptura de las unidades clásicas de lugar, tiempo y acción: la obra quiere imitar el dinamismo y la complejidad de la vida, lo que exige un tiempo dilatado que permita presentar los hechos como verosímiles, y espacios cambiantes y distanciados. Respecto a la acción, aunque siga aconsejando su unidad, son muchas las obras que la presentan doble, como es el caso de la que nos ocupa.
• Reducción a tres actos de los cinco de la comedia clásica, en coincidencia con la estructura modelo: planteamiento, nudo y desenlace.
• Variedad métrica: estrofas y metros se adecuan a la situación y personaje; los de arte mayor convienen a los asuntos trascendentes, y a los ligeros, los de arte menor; el romance es ideal

para las narraciones, el soneto para estados de espera, la redondilla para el diálogo, etc.
- Decoro expresivo: cada personaje se expresa según su rango. Los villanos recurren a palabras rústicas y ejemplos del mundo natural; el habla del viejo será sentenciosa y grave; el galán y la dama usan un estilo culto; los criados, más coloquial.
- Mezcla de lo trágico con lo cómico, especialmente a través de la figura del «gracioso», para distender los momentos dramáticos.
- Incorporación de elementos líricos —bailes, canciones...— para dar variedad y relajar la atención del público.
- Preferencia por dos temas: el amor y el honor. En el primero, predomina el enfoque platónico, se desarrolla en un ambiente propicio al enredo —quejas, riñas, celos, cambios de identidad...— y lo normal es un final feliz. En cuanto al honor, el preferido por el público, se rige por unos códigos específicos que obligan a actuar a los individuos conforme a unas normas preestablecidas superiores a su propia voluntad.

Lógicamente, junto a estos temas se presentan otros muchos con diversidad de fuentes: religiosos (asuntos bíblicos, vidas de santos, tradiciones piadosas...), histórico-legendarios (medievales, de la Antigüedad, tomados de las crónicas —como Fuente Ovejuna—, del romancero...), literarios (pastoriles, caballerescos, mitológicos, novelescos...), filosóficos o de costumbres de su tiempo.

Y si muchas son las fuentes y las obras, el número de personajes lo es mayor, pero, salvo excepciones, no están individualizados y se presentan como «tipos». Los más frecuentes son los siguientes:

- El rey: si aparece como viejo se caracteriza por ser prudente y sabio y saber impartir justicia; si como joven galán, menos habitual, es injusto y soberbio, el pueblo es su víctima, pero no puede alzarse contra él, y como solo Dios puede castigarlo, el conflicto se soluciona con el arrepentimiento (parecido final se da en el caso de algunos nobles, como veremos que ocurre en Fuente Ovejuna con el maestre).
- El caballero: puede presentarse como padre anciano, esposo, hermano, galán, etc. Es el responsable del honor familiar, de

ahí que vigile celosamente o deba vengarse en caso de ofensa a la dama.

• El galán: suele tener todas las virtudes, como valor, generosidad, idealismo, linaje...

• La dama: goza también de linaje y hermosura; enamoradiza y de fuerte personalidad, a veces adquiere un papel reivindicativo bastante ajeno a lo usual en la época.

• El poderoso: con papel de antagonista, tiene algunos rasgos del galán, pero es injusto y soberbio y por ello será castigado.

• El villano: personaje exclusivo de nuestra dramaturgia, es el paradigma de la honra.

• El criado, la criada: acompañantes y confidentes de sus amos.

• El gracioso: contrapunto del galán, al que lo une una inquebrantable lealtad, se caracteriza por el carácter práctico y su buen humor, el gusto por el dinero y la buena vida, un punto de cobardía y cierto sentido común. Su comicidad surge por su insaciable gula y codicia y porque nunca se libra del peligro y los golpes.

Con todos esos mimbres —personajes, temas, fuentes— Lope hace un teatro variado y uniforme a la vez, condensando, en palabras de Ángel del Río, «la imagen de una España llena de contrastes: caballeresca y popular, idealista y picaresca, galante y severa, religiosa y entregada al goce del discreteo frívolo». Un teatro cuyo éxito no tiene parangón y cuya fama entre sus coetáneos fue tal que, cuando se quería destacar el valor de algo, fuese lo que fuese, se decía: «Es de Lope».

Ese mundillo teatral barroco

La renovación teatral protagonizada por Lope se desarrolla durante todo el siglo XVII. Su punto álgido se alcanza con Felipe IV, tan apasionado por las representaciones que, además de impulsar las palaciegas, asistía de incógnito a veces a los corrales de comedia.

La propia cosmovisión barroca, con sus contrastes, con su consideración de la vida como un «trampantojo», como sueño o apariencia y el mundo como una representación contribuye al éxito del género y a su enorme impacto social. Porque, gracias al teatro, las gentes del XVII podían conocer la historia, las leyendas, la Biblia, los mitos clásicos, el pensamiento humanista…; podían soñar con otras formas de vida, imaginar lugares distantes, evadirse de una realidad cruda; pero, también, reconocerse en sus personajes, con sus vicios y virtudes, y reflexionar sobre los grandes temas: el sentido de la existencia, la libertad, la responsabilidad o la justicia. Y, aunque el público era muy variado, ideológicamente la sociedad era muy homogénea y coincidía en una serie de valores que el teatro asume y propaga: profesar la religión católica, aceptar la monarquía como forma ideal de Estado, defender el sentimiento nacional o considerar inevitable la estratificación social. Ideas y actitudes con las que se identificaban los espectadores y que contribuyeron a la creación colectiva de un sentimiento de identidad nacional.

Pero, además, en otro plano, asistir al teatro era un acto social que se aprovechaba para asuntos más frívolos como lucir vestimenta, comentar la actualidad, cotillear o jugar al galanteo. Se hizo imprescindible en cualquier celebración, se convirtió en el espectáculo favorito de aquel tiempo.

Lógicamente, la demanda de obras era constante y contribuyó a la proliferación de autores y a una producción enorme. Además de Lope y Calderón de la Barca —el otro gran dramaturgo áureo—, destacan Guillén de Castro, Luis Vélez de Guevara, Juan Ruiz de Alarcón, Antonio Mira de Amescua, Francisco Rojas Zorrilla, Agustín Moreto o Tirso de Molina, entre otros. Este último es el principal continuador de Lope y a él debemos la creación del mito de *don Juan* en su célebre *El burlador de Sevilla*. Con Calderón, que inicia otro ciclo, se llega a la perfección técnica de la comedia; su obra, más aristocrática y reflexiva, alcanza una profundidad filosófica y conceptual desconocida hasta entonces, de la que son exponentes sus dos grandes dramas: *La vida es sueño* y *El gran teatro del mundo*, títulos que sintetizan a la perfección esa cosmovisión barroca de la que hablábamos.

Fuente Ovejuna

La obra apareció publicada en Madrid en 1619, incluida en la *Docena parte de las comedias de Lope de Vega*. No se sabe la fecha exacta de su redacción, aunque la mayoría de los estudiosos, basándose en diferentes aspectos —métrica utilizada, actitud política del dramaturgo—, la sitúan entre 1612 y 1614. Coincide, pues, con su periodo de plenitud y madurez artística, al que debemos sus otros grandes títulos: *Peribáñez y el comendador de Ocaña* y *El caballero de Olmedo*.

Recordemos brevemente en este punto que, al margen de su producción lírica y narrativa, Lope declaró haber escrito más de mil quinientas piezas dramáticas; de ellas se conservan solo 42 autos sacramentales y 426 comedias, de las que 315 son de atribución segura. Estas cifras no son definitivas, pues continúan las investigaciones en este campo. Y, además, con la reciente aplicación a ellos de la inteligencia artificial, es de suponer nuevos hallazgos (el año pasado investigadores de Valladolid y Viena descubrieron una nueva comedia de Lope: se titula *La francesa Laura* y figuraba anónima entre los fondos de la Biblioteca Nacional de España).

Como es lógico, esta ingente producción dramática necesitaba de unas musas siempre dispuestas y tan ágiles como para «en horas veinticuatro pasar de las musas al teatro», como afirma el propio autor. A veces, su propia experiencia vital y su capacidad para observar la vida cotidiana era suficiente para encontrar motivo de inspiración, pero, en otras muchas ocasiones, parte de unas fuentes. Y es muy frecuente que recurra a la tradición popular española o a las crónicas históricas. Este es el caso de *Fuente Ovejuna*.

Basada en hechos reales

Esta obra parte de unos hechos históricos: en 1476 la población de Fuente Ovejuna se rebeló contra Fernán Gómez de Guzmán, comendador mayor de la Orden de Calatrava, y le dio muerte.

Fuente Ovejuna

Los hechos históricos, «reales», se limitan a estos datos. Luego, la transmisión e interpretación de los mismos difiere. Entre otras fuentes, dos son las crónicas que recogen los acontecimientos: la más próxima a los hechos es la *Gesta hispaniensia* de Alfonso de Palencia, en la que se defiende la figura del comendador y se presenta su muerte como un crimen espantoso. Casi un siglo después, Francisco de Rades, en su *Crónica de las tres Órdenes y Caballerías de Santiago, Calatrava y Alcántara,* de 1572, presenta un relato divergente del anterior, especialmente respecto a la consideración del comendador, y con este coincide en lo fundamental el padre Mariana, en su *Historia General de España* de 1601.

Don Fernán Gómez de Guzmán, comendador mayor de Calatrava, que residía en Fuente Ovejuna, villa de su encomienda, hizo tantos y tan grandes agravios a los vecinos de aquel pueblo que, no pudiendo ya sufrirlos ni disimularlos, determinaron todos, de su consentimiento y voluntad, alzarse contra él y matarle. Con esta determinación y furor de pueblo airado, con voz de ¡Fuente Ovejuna! [...] entraron por fuerza en la encomienda [...] mataron catorce hombres que con el comendador estaban [...] y pusieron las manos en él y le dieron tantas heridas que le hicieron caer en tierra sin sentido. Antes que diese el ánima a Dios, tomaron su cuerpo con grande y regocijado alarido, diciendo: «¡Vivan los reyes y mueran los traidores!», y le echaron por una ventana de la calle.

Se ha transcrito con cierta extensión este fragmento de la crónica de Rades porque es en esta en la que se inspira Lope y nos resultará interesante ver las modificaciones que introduce.

Estos hechos, además, se habían ido transmitiendo oralmente y algunos versos o frases se usaban ya como refranes, tal como recoge Alfonso de Covarrubias en su *Tesoro de la lengua castellana o española,* de 1611, donde da fe de su uso:

Los de Fuente Ovejuna, una noche del mes de abril de mil y cuatrocientos y setenta y seis, se apellidaron para dar la muerte a Hernán Pérez de Guzmán, [...]. Y entrando en su misma casa le mataron a pedradas, y aunque sobre el caso fueron emviados juezes pesquisidores que atormentaron a muchos dellos, así hombres como mujeres, no les pudieron sacar otra palabra más esta: «Fuente Ovejuna lo hizo».

Por cierto, una curiosidad: verás variaciones en la escritura del título de la obra. Esta edición ha optado por *Fuente Ovejuna* por respetar tanto el original lopesco como la edición de la que parte.

De la historia a la literatura

Pero, lógicamente, Lope no era un historiador, sino un dramaturgo, no buscaba la exactitud histórica, sino la eficacia artística. Y que gustara a su público. Y, también, que se «ajustara» a sus intereses personales. Por ello, transforma la crónica de Rades en un drama y hace las modificaciones que cree pertinentes: en primer lugar, parece ser que el motivo esencial de la revuelta era el económico, los agravios en las haciendas y bienes de los campesinos. Pero Lope solo alude a esa causa al final, «las haciendas nos robaba», y se centra en las agresiones sexuales, «más atrayentes para los espectadores. Así sitúa en primer plano sus dos temas estrella y hace del honor ultrajado el detonante de la revuelta.

En segundo lugar, como necesita preparar al público para que acepte un final «controvertido», carga las tintas sobre la maldad del comendador agudizando sus rasgos tiránicos y atribuyéndole falsamente la función de mal consejero del joven maestre (a quien, por el contrario, intenta disculpar de su traición insistiendo en su juventud).

En tercer lugar, en vez de la revuelta espontánea que parece que fue, Lope la presenta como fruto de la deliberación colectiva y como única salida ante la tiranía del comendador. También suaviza las crueldades y vejaciones que la crónica cuenta que se hicieron sobre el cuerpo de este para no realzar la barbarie de la venganza.

Por último, el levantamiento contra el comendador no lo protagonizaron los labradores, sino que fueron los del *burgo* (artesanos, mercaderes y letrados). A Lope le interesaba ponerlos como protagonistas porque eran un sector fundamental en el que se apoyaba la monarquía y convenía su adhesión.

De la obra literaria a su contexto

Los sucesos de la obra y su enfoque tenemos que situarlos en un doble contexto: la España en que tuvieron lugar (siglo xv) y la España en la que Lope los lleva a escena, de la que algo nos hemos ocupado en páginas anteriores.

El siglo xv está marcado por el final de la Reconquista y las luchas entre la corona y los nobles. Hay que destacar el papel que las órdenes militares, especialmente la de Calatrava, tuvieron en la Reconquista y repoblación de Castilla. Estas poseían grandes dominios señoriales, regidos por un comendador y con el maestre como máxima autoridad. Los reyes intentaron contrarrestar su poder fundando, dentro de los territorios de la orden, unos enclaves que dependían directamente de la corona: las villas reales, una de las cuales fue Ciudad Real. Las villas podían estar bajo el poder de la Iglesia, los nobles o las órdenes, que fijaban sus tributos y sus leyes. En general, las que estaban bajo el poder de la Iglesia o del rey vivían menos expuestas a opresiones e injusticias que las que dependían de las órdenes o los nobles.

Las tensiones entre ambos sectores serían muy fuertes hasta los Reyes Católicos, que consiguieron fortalecer el poder real. Recordemos también que su reinado se había iniciado con la guerra motivada por la sucesión de Enrique IV en Castilla. En esta se enfrentaron los partidarios de la hermana del rey, Isabel, y los de la hija, Juana, apodada la Beltraneja porque muchos nobles no la reconocían como legítima. La victoria definitiva de los Reyes Católicos se produjo en 1476, año en que se sitúa la acción de *Fuente Ovejuna*.

A principios del siglo xvii, en la España de Lope, las relaciones feudales quedaban lejos y los libros de teoría política recomendaban un trato más justo entre señor y vasallo; las órdenes militares solo cumplían una función de prestigio social y de la monarquía autoritaria de los Reyes Católicos se había pasado a la absoluta de los Austrias. Esta, basada en su alianza con la nobleza y el clero, también necesitaba contar con la adhesión del pueblo, especialmente de los campesinos poderosos.

Conviene tener en cuenta que el público, aunque la obra se situase en el pasado, *actualizaba* lo que veía en escena, lo interpretaba según su pensamiento y el sistema de valores dominantes, comunes a público y autor. Así, los espectadores del siglo XVII lo primero que percibían era el enfrentamiento de unos campesinos con un poderoso; la tiranía de este, la traición que hace a sus reyes, un mal uso del poder, el sufrimiento y la deshonra del pueblo. En suma, un poderoso que rompe la armonía social y merece ser castigado. Unos monarcas que imparten justicia y perdonan la rebelión popular. Todo esto lo trasponía el espectador barroco a sus reyes, con lo que se reforzaba la defensa de la monarquía: solo los reyes garantizan la consecución de un concepto de Estado justo, en una España católica que defendía su religión y pretendía mantener su poder frente a las potencias extranjeras.

Estructura: dos acciones en tres actos

A pesar de que Lope aceptase en su *Arte nuevo* la unidad de acción, en *Fuente Ovejuna* esta se plantea, con gran acierto, en un doble plano: hay una primera acción, de carácter social, de mayor fuerza en escena, situada en Fuente Ovejuna y centrada en los abusos del comendador sobre el pueblo. Y una segunda, de carácter político, que funciona como telón de fondo y que se refiere a los hechos ocurridos en Ciudad Real en el marco de la guerra de sucesión de Castilla. Ambas se relacionan por los personajes comunes del comendador y los Reyes Católicos, por la coincidencia en temas como la tiranía y la traición, y convergen magistralmente al final de la obra.

Respecto a la estructura externa, la comedia se presenta en tres actos o jornadas —planteamiento, nudo y desenlace—, en coincidencia con el tipo más habitual y lo recomendado por el mismo Lope.

- En el acto primero se nos presenta a la mayoría de los personajes y se introduce el conflicto. El comendador quiebra la armonía social y la política.
- En el acto segundo, se producen una serie de enfrentamientos individuales entre los villanos y el comendador que desembo-

carán en el enfrentamiento colectivo. Ciudad Real es reconquistada por los monarcas.

• En el acto tercero, el pueblo entero acude a la casa de la encomienda y asesina al comendador y sus secuaces (excepto Flores, que se escapa). La obra finaliza con dos secuencias paralelas en las que los reyes perdonan sucesivamente al maestre y a la villa de Fuente Ovejuna.

Pluralidad temática

La variedad de temas y motivos presentes en la obra ha propiciado las divergencias que encontramos en su formulación. Así, para Jesús Cañas Murillo, el tema central al que se supeditan todos los demás es el de la jerarquización social: el comendador rompe el orden y la armonía social, pues, en vez de cumplir su deber y proteger a los habitantes de la villa, los afrenta y, en vez de cumplir con la fidelidad debida a sus reyes, los traiciona y se subleva contra ellos. Para Leo Spitzer, el tema es la relación entre el amor y la armonía del mundo (la explicación de esta teoría neoplatónica la podemos encontrar en la segunda escena del primer acto). Rinaldo Froldi habla de tres ámbitos temáticos interrelacionados: el histórico, el político y el moral. Podríamos seguir con otras propuestas, ya que todas tienen su base y su verdad. Aquí, más que formular la idea central que da unidad y sentido a todos los elementos de la comedia, nos centraremos en destacar los núcleos temáticos que la componen: la rebelión popular, el honor y el amor.

La rebelión popular

Esta se presenta íntimamente vinculada a otros subtemas como el abuso de poder, la justicia y el poder colectivo. La justicia y un uso del poder clemente y equilibrado son fundamentos de la armonía social. El origen de todo el conflicto radica en que el comendador actúa como un tirano y utiliza su poder con desmesura y violencia: abusa de las mujeres, desprecia y deshonra a los campesinos y castiga de forma arbitraria sin ninguna justicia. Esta pasa a manos de los villanos, que, aunque han ido apelando a otros dos tipos de justicia —la de Dios y la de los reyes—, se ven forzados por la situación a ser ellos mismos quienes la impartan. La sublevación se justifica en la necesidad de reparar el honor de todos sus habitantes, de restablecer la armonía y la paz social.

La rebelión no es una opción que se plantee desde el principio, sino que surge como única salida posible, tras dudas y controversias. La escena en que Laurencia llega a la junta de los hombres recriminándoles su inacción es clave para iniciarla. Y solo tendrá éxito si el pueblo permanece unido, tanto para matar al comendador como para después ser perdonado por los reyes. Es la fuerza de la colectividad, el poder que se adquiere con la unión social.

El honor

En la obra se confrontan dos concepciones del honor: la aristocrática, encarnada por el comendador, y la del pueblo, todos los habitantes de Fuente Ovejuna. La primera concibe el honor como una cualidad inherente a los nobles, se posee por herencia y, aunque se relaciona con comportamientos virtuosos, para el comendador sus actuaciones injustas y prepotentes no lo empañan. Por el contrario, para los villanos el honor no depende de la cuna y radica en el ejercicio de la virtud, en la *limpieza de su sangre,* en la dignidad de sus actos. El comendador es incapaz de comprender ese concepto de honor, se burla de los villanos cuando lo invocan, incluso considera que debieran sentirse honrados al tener él relaciones con sus mujeres.

Lo peculiar de esta obra en el tratamiento de este tema tan manido es que ya no se trata del honor de un individuo manchado por otro en la persona de una mujer de su casa —caso repetido en innúmeras comedias áureas—, sino que se presenta un caso de deshonra colectiva, «este bárbaro homicida a todos quita el honor», y, por tanto, de la necesaria venganza también colectiva para su reparación. Y, si en la mayoría de los dramas las mujeres quedan excluidas de los actos de reparación, aquí cobran papel protagonista: no solo es Laurencia, que, por cierto, «manifiesta amar su honor por encima de todo», quien con su discurso y actitud activa la revuelta, sino quien asume un papel ejecutor, arengando a todas las mujeres a hacer lo mismo: «que solas mujeres cobren la honra de esos tiranos / la sangre de estos traidores».

El amor

Este tema se plantea en la obra en un doble plano: el teórico-filosófico y el práctico, es decir, el encarnado en unos personajes concretos. Respecto al primero, se desarrolla curiosamente en el debate que sobre el amor sostienen los aldeanos haciendo referencia a tres concepciones filosóficas. La aristotélica, puesta en boca de Mengo, parte de la concepción del mundo como conflicto y batalla continua donde solo existe el amor propio. La pitagórica, defendida por Barrildo, concibe el mundo como un todo en consonancia donde la amistad y el amor verdadero son reflejo de la armonía de las esferas celestes. Por último, la visión platónica, que entiende el amor como un deseo de belleza y virtud en lo amado, la conocemos a través de Leonarda.

Respecto al segundo, a la experiencia amorosa concreta, también presenta dos vertientes: a nivel social o individual. El amor social se entiende como solidaridad entre clases, pero también entre monarcas y nobles y sus vasallos, y viceversa (de este amor depende la armonía social). El amor individual puede darse como mero amor sensual, el «mal amor» del comendador, egoísta, que busca solo la satisfacción de sus instintos; o el de Laurencia y Frondoso, el amor puro, generoso, que tiene por fin el matrimonio y que es reflejo de la armonía universal.

Frente a lo que es habitual en otras comedias, la relación entre los enamorados no se inicia con el típico flechazo, sino que surge vinculada al honor y se consolida poco a poco hasta alcanzar el calificativo de modélica. Modélico en grado sumo se presenta también el matrimonio de Isabel y Fernando, los reyes, basado en la compenetración, la prudencia y la armonía.

Asociados a todos estos temas aparecen a lo largo de la obra otros motivos. Uno de los de mayor peso es el *menosprecio de cor-*

te y alabanza de aldea, que con distintas formulaciones se repite para oponer la vida tranquila y armónica en el pueblo a la afectada y turbulenta de los nobles. Como este, otros motivos destacables se presentan estableciendo dualidades opositivas: corte/aldea, cortesía/ descortesía, solidaridad/egoísmo...

Un malo, una heroína y el personaje colectivo

Respecto a los personajes, la obra presenta varias singularidades: el extenso número de personajes, la no coincidencia total de algunos de ellos con los arquetípicos que encarnan y, sobre todo, la creación de un personaje colectivo: el pueblo de Fuente Ovejuna. Este y el comendador son los auténticos protagonistas; y junto a ellos, en papel fundamental, Laurencia.

El comendador

Es el personaje con la caracterización más completa. Ya en su primera aparición queda marcado con los rasgos que más lo definen: es soberbio y despótico; y al final del primer acto ya tenemos prácticamente su caracterización completa: lascivo, arrogante, manipulador, tirano, injusto con sus súbditos y traidor con sus reyes. Se comporta como un hombre sin ninguna piedad, descortés y sin honor. Curiosamente, es quien introduce el motivo de la cortesía para recriminar al maestre su tardanza, pero lo hace en términos nada corteses. Está convencido que el honor es cosa solo de nobles. Se cree un señor feudal, con derecho total sobre sus «encomendados» en lo relativo a sus bienes y mujeres. Fernán Gómez representa un mundo ya caduco (las órdenes militares eran los últimos restos de un feudalismo en descomposición). Él intuye que la sociedad ha cambiado, pero no entiende la trascendencia del cambio ni lo acepta; en realidad, no comprende lo que ocurre a su alrededor, ni siquiera cuando el pueblo se alza contra él se siente culpable de nada: «El mundo se acaba, Flores», manifiesta entre indignado e incrédulo.

Como vemos, en él se acumulan todos los rasgos negativos. Es el «malo» de la película. Con esta caracterización tan negativa (a la que solo se opone la gallardía con la que lo describe Flores en la toma de Ciudad Real), Lope va preparando al espectador para que considere justificada su muerte, para que la acepte como castigo por su doble delito (contra sus «encomendados» y contra sus reyes).

Fuente Ovejuna o el personaje colectivo

La creación de todo el pueblo de Fuente Ovejuna como protagonista es uno de los rasgos más destacables de esta obra. Lope dosifica magistralmente la creación de este personaje colectivo. Al principio va presentando seres individuales, construidos sobre las figuras típicas; pero a medida que la acción avanza, que los agravios del comendador alcanzan a todos y mancillan hasta a su máxima autoridad, se va fraguando ese personaje colectivo que emerge ya a principios del acto tercero (con el pueblo reunido para ver qué hacer y tomar determinación conjunta) y que culmina con la intervención de Laurencia. A partir de ella cristaliza el personaje colectivo, que va a ir tomando conciencia de su poder. Su fuerza radica en la unión de todos: unión para rebelarse, para soportar las torturas y para pedir perdón a sus monarcas. La escena de la tortura está trazada de forma perfecta: son los supuestamente más débiles —una mujer (Pascuala), un viejo (Esteban), Mengo (rústico y «cobarde») y un niño— los que con su resistencia y solidaridad adquieren el papel de nuevos héroes, pero ese heroísmo no es personal, sino la concreción del valor y la dignidad colectiva.

Laurencia

Su fuerte personalidad queda clara desde sus primeras intervenciones, tanto para negar con seguridad que no va a ceder a los acosos del comendador como para remarcar lo que más valora: su honor. Este «amar su honor por encima de todo» explica el cambio de actitud hacia Frondoso (es precisamente la defensa que este ha hecho de su honor lo que despierta su amor por el joven: «desde aquel día... ya le quiero bien»); y también explica la desesperación y el dolor con que irrumpe en la asamblea de hombres tras sufrir los abusos sexuales del comendador. Su parlamento, uno de los más severos pronunciados por una mujer contra la cobardía de los hombres, es la espita de la revuelta. Resuelta, valiente, segura, asume un liderazgo fuerte con el que implicará al resto de mujeres a tomar, ellas también, parte activa en la reparación de sus honras, en su venganza.

Lope parece haber diseñado este personaje a partir de los tipos de la dama y el galán (por la presencia de rasgos varoniles), y en algún momento nos recuerda a las heroínas clásicas.

Frondoso

Presenta una personalidad más convencional, más ajustada a su papel de galán: está enamorado de la dama y es valiente. Como enamorado, primero sufre el amar a alguien que solo ama su honor; después, tras la gallardía que demuestra al defender a Laurencia y el incipiente cambio de esta, se muestra paciente y respetuoso, modélico en su triple vertiente de hijo, yerno y enamorado. Además es generoso, inteligente y solidario.

Mengo

Lo podemos asociar a la figura del *gracioso* en tanto que se presenta como pobre, poco refinado y asustadizo, y porque a él debemos los escasos momentos cómicos de la obra, pero dista bastante de este arquetipo al adoptar una actitud heroica ante lo que considera justo. Así, a pesar del egoísmo mostrado al hablar del amor («nadie tiene amor / más que a su misma persona»), intenta proteger a Jacinta; a pesar de sus dudas sobre la rebelión, se muestra finalmente decidido, y ante el juez y el interrogatorio aguanta con valor. Cuando lo torturan y todos temen que confiese, su respuesta «señor, Fuente Ovejunica» supone un punto de distensión que aúna comicidad y coherencia. Incluso, a pesar de su analfabetismo, es capaz de hablar con dignidad en defensa de su pueblo ante los reyes.

Esteban

Presenta los rasgos del anciano respetable y honrado, el mayor venerable. Es el padre de Laurencia, con la que mantiene una relación paternofilial basada en el respeto y la complicidad que asoma, por ejemplo, en las bromas mutuas que se dedican en la escena de la «pedida de manos». Y es uno de los alcaldes del pueblo, su máxima autoridad, y como tal respetuoso, prudente y sabio. Es él quien, sabedor de que los reyes querrán investigar los sucesos de la villa, propone que todos respondan lo mismo y ensaya las circunstancias de la tortura para asegurar la resistencia de todos.

Pascuala

En contraposición a la coherencia del carácter de Laurencia, su amiga presenta cierta contradicción en su comportamiento: mientras al principio se muestra conformista y resignada y cree que será imposible resistirse al comendador, más tarde se enfrenta a este y le recrimina valientemente el mal uso que hace de sus derechos como señor. Al final, se une a su amiga para dirigir el motín de las mujeres.

Los reyes

Presentados como pareja modélica y como contrapunto de lo que representa el comendador, son los encargados de impartir justicia; se muestran seguros en sus acciones y respetuosos y clementes con sus súbditos.

El maestre

El maestre destaca por su alto linaje y por su juventud, lo que lo hace inexperto e influenciable. Aunque traiciona también a sus Reyes instigado por el comendador, rectifica a tiempo su conducta y pide perdón a los reyes.

Los músicos

Su presencia es fundamental para crear contrapuntos entre escenas: en la primera intervención se contrasta la ingenuidad del pueblo que da la bienvenida al comendador con el comportamiento grosero de este queriendo retener a Pascuala y a Laurencia. En los cantos de boda, del ambiente festivo y lírico pasamos a la violencia con la que el comendador la interrumpe. Es un elemento más del pueblo y evoluciona con él: empieza cantando vivas al comendador y acaba repitiendo lo que todos dicen: «¡Muchos años vivan / Isabel y Fernando, / y mueran los tiranos!».

Estilo, lenguaje con decoro flexible

El lenguaje cumple, por lo general, con el «decoro poético» que recomienda Lope. Así, el habla que caracteriza a los villanos recoge muchos usos rústicos y vulgarismos (metátesis del grupo dl, como en *dalde* en vez de *dadle;* vacilación de las vocales átonas: *recebida;* simplificación de grupos consonánticos: *efeto)* y el uso de refranes y juramentos: *soncas* (en verdad), *tirte ahuera* (tírate afuera). Las clases nobles y los reyes presentan un lenguaje más culto: los monarcas suelen tener intervenciones breves y tono sentencioso, y el comendador refuerza su personalidad autoritaria con el uso de imperativos y léxico agresivo. Y aunque esto sea lo predominante, hay casos en que se rompe ese decoro. Pensemos, por ejemplo, en la escena en que los labradores filosofan sobre el amor, o en el lenguaje agresivo y varonil con el que Laurencia arenga a los hombres (que se consideraría impropio de una mujer).

Por otro lado, como es de suponer, el uso literario del lenguaje es muy cuidado y son frecuentes los recursos retóricos: metáforas, «Ya todo el árbol de paciencia roto / corre la nave de temor perdida»; juegos de palabras, *cueros* (para referirse al vino y la desnudez), *Girón* (juega con el apellido y la fonética de un trozo de tela); comparaciones, generalmente para ejemplificar lo que se está afirmando, como en el caso en que Mengo compara el quehacer de los poetas con el de un buñolero, etc. Su dominio de la retórica literaria se manifiesta también en el uso de eruditas citas mitológicas, frases sentenciosas, aforismos y, a veces, en un complicado uso de símbolos.

Las formas métricas siguen también las convenciones del *Arte nuevo,* pero con mayor libertad que en otras comedias. Los versos se adecúan a las situaciones y en los momentos más dramáticos quedan cortados en su interior, transmitiendo gran tensión y emotividad.

Respecto a los recursos dramáticos, cabe destacar entre los grandes aciertos de la obra la forma en que se plantea la escena del tormento, ese doble plano escénico en que se deja en escena solo a Frondoso y Laurencia escuchando y comentando lo que ocurre en la estancia del interrogatorio. Igualmente es un acierto la alternancia de episodios climáticos y anticlimáticos, la variedad en los diálogos (de acción, narrativos, digresivos), la presencia de situaciones o motivos de contraste o la estrategia de dar a entender algo que no es (por ejemplo, cuando parece que Mengo va a confesar).

Intención y disparidad interpretativa

La diversidad de interpretaciones es consustancial a las grandes obras literarias. En el caso de *Fuente Ovejuna* la pluralidad temática y la perspectiva ideológica inciden en que encontremos formulaciones contrapuestas. En este sentido, vamos a distinguir primero entre la intención del autor y cómo se interpretó la comedia en su momento y las lecturas posteriores.

Parece claro que Lope concibió la obra, dentro de los valores ideológicos imperantes, como exaltación de la monarquía absoluta —idea que vemos repetida en el teatro de la época—. Es esta forma de gobierno la que puede garantizar una sociedad en armonía en una España que acepta la jerarquización social, pero no el uso injusto del poder (de aquí que se entienda también como aviso a los malos gobernantes).

En el ámbito personal, la obra llevaba implícita un homenaje al Duque de Osuna. Un antepasado de este, Rodrigo Téllez de Girón, había sido el maestre que atacó Ciudad Real. Lope intenta «lavar su imagen», de ahí que disculpe en parte su actuación atribuyéndola a su juventud y rectificándola al someterse a los Reyes Católicos.

En el mundillo teatral barroco, *Fuente Ovejuna* se recibió como una más de las comedias de Lope: se representó sin incidencias y, desde luego, no se consideró ideológicamente peligrosa a pesar de llevar a escena un motín popular. No se atisbaba nada del contenido social y reivindicativo con que la vemos hoy.

Durante bastante tiempo la obra permaneció medio olvidada hasta que los románticos empezaron a ver en ella una serie de valores que coincidían con su concepción del mundo: rebeldía, exaltación de la libertad, conciencia de los derechos de un pueblo... A partir de aquí, coincidiendo con su traducción a diversos idiomas, las interpretaciones y *apropiaciones* han dado resultados tan dispares como paradójicos, y encontramos lecturas revolucionarias o nazis, contestatarias contra el franquismo o en su defensa y hasta se ha aplicado al feminicidio en Ciudad Juárez.

En Rusia, por ejemplo, ya en el siglo XIX se representó con tal éxito que se consideró peligrosa: «una llamada directa a la revolución»; a principios del XX empezó a ser considerada un símbolo de lucha para los trabajadores.

Si nos ceñimos a las interpretaciones en nuestro ámbito nacional, hay lecturas que le atribuyen un carácter marcadamente político, como la de Dámaso Alonso, que afirma que es «la primera obra dramática a favor de los oprimidos»; o la de Menéndez Pelayo, que sostiene que «este drama tan profundamente democrático es también profundamente monárquico». Y las hay que niegan esa intencionalidad para conceder el protagonismo de forma casi exclusiva a la temática amorosa, como defiende Joaquín Casalduero.

En realidad, todas tienen también —como en los temas— su parte de razón y de verdad. El cristal con que se mira condiciona, pero no excluye: todo eso está en *Fuente Ovejuna.*

Al margen de la variedad interpretativa, la consideración es unánime: es el drama más universal del teatro español del Siglo de Oro y uno de los títulos que mayor número de adaptaciones y representaciones alcanza, dentro y fuera de España. Merecen citarse, entre otras, la versión que Federico García Lorca hizo para su compañía de teatro ambulante La Barraca o la versión de Diego San José de la Torre representada en el Madrid sitiado durante la guerra civil. En la actualidad, es una de las comedias de mayor presencia en los diversos Festivales Clásicos y del Siglo de Oro, especialmente en Almagro, y en la localidad que le da nombre, Fuente Ovejuna, es ya tradición que cada dos o tres años sean sus propios habitantes, los melarienses, quienes protagonicen el drama por el que se ha hecho famoso el pueblo. El alcance y popularidad de esta obra es tal que también es motivo de inspiración para otras artes, como el Ballet Laurencia, o se la relaciona con movimientos sociales como el 8M o, más recientemente, el #MeToo. Es lo que tienen los clásicos: se actualizan en cada época y nunca agotan su significado. Fuente Ovejuna, junto a sus valores estéticos, nos ofrecerá siempre la necesidad de reflexionar sobre el poder y la violencia. Y esa reflexión nunca es suficiente ni caduca.

Bibliografía

CAÑAS MURILLO, Jesús, «El tema de la jerarquización social y su tratamiento dramático en *Fuente Ovejuna* de Lope de Vega», Alicante, en Biblioteca Virtual Miguel de Cervantes.

DEL RÍO, Ángel, *Historia de la literatura española I,* Holt, Rinehart and Winston. Nueva York, 1963.

FERREIRO VILLANUEVA, Isabel. *Claves para la lectura de Fuenteovejuna de Lope de Vega,* Ediciones Daimon, Barcelona, 1986.

FROLDI, Rinaldo, «Introducción a Lope de Vega, Fuenteovejuna», Alicante, en Biblioteca Virtual Miguel de Cervantes, 2000.

RUIZ RAMÓN, Francisco: *Historia del Teatro Español (desde sus orígenes hasta 1900),* Madrid, Cátedra, 1981.

VEGA DE, Lope, *Fuente Ovejuna,* ed. Juan María Marín, Cátedra, Madrid, 1981.

— *Fuente Ovejuna,* ed. Alberto Blecua y Bienvenido Morros, Vicens Vives, Barcelona, 2004.

— *Fuenteovejuna: comedia famosa*, editor literario Grupo Prolope, Biblioteca Virtual Miguel de Cervantes; disponible en: <https://www.cervantesvirtual.com/obra/fuente-ovejuna--1/> (últ. consulta: 3/10/2024).

Fuente Ovejuna

Hablan en ella las personas siguientes:

FERNÁN GÓMEZ DE GUZMÁN, comendador mayor de la Orden
    de Calatrava
ORTUÑO, criado de Fernán Gómez
FLORES, criado de Fernán Gómez
EL MAESTRE DE CALATRAVA, Rodrigo Téllez Girón
PASCUALA, labradora
MENGO, labrador
BARRILDO, labrador
FRONDOSO, labrador
JUAN ROJO, regidor de Fuente Ovejuna, tío de LAURENCIA
ESTEBAN, alcalde y padre de Laurencia
ALONSO, alcalde
REY DON FERNANDO
REINA DOÑA ISABEL
DON MANRIQUE
DOS REGIDORES DE CIUDAD REAL
UN REGIDOR DE FUENTE OVEJUNA, llamado Cuadrado
CIMBRANOS, soldado
JACINTA, labradora
UN MUCHACHO
ALGUNOS LABRADORES
UN JUEZ
LA MÚSICA
LEONELO, licenciado por Salamanca

ACTO PRIMERO

[Sala del palacio del maestre de Calatrava.]
(Salen el COMENDADOR, FLORES *y* ORTUÑO, CRIADOS.*)*

COMENDADOR.   ¿Sabe el maestre que estoy
               en la villa?
FLORES.   Ya lo sabe.
ORTUÑO.   Está, con la edad, más grave[1].
COMENDADOR.   ¿Y sabe también que soy
               Fernán Gómez de Guzmán?   5
FLORES.   Es muchacho[2], no te asombre.
COMENDADOR.   Aunque no sepa mi nombre,
               ¿no le sobra el que me dan
               de comendador mayor[3]?

---

[1] *grave:* serio y arrogante. Desde el principio este personaje queda marcado por la altivez y la soberbia.

[2] *Es muchacho:* las alusiones a la juventud del maestre se van a repetir y tienen la finalidad de justificar sus errores.

[3] En una orden militar, el comendador mayor era la dignidad inmediatamente inferior a la del maestre y tenía la función de ayudar y aconsejar a este, y sustituirlo en su ausencia.

ORTUÑO.	No falta quien le aconseje	10
	que de ser cortés se aleje.	
COMENDADOR.	Conquistará poco amor.	
	Es llave la cortesía⁴	
	para abrir la voluntad;	
	y para la enemistad	15
	la necia descortesía.	
ORTUÑO.	Si supiese un descortés	
	cómo lo aborrecen todos,	
	y querrían de mil modos	
	poner la boca a sus pies,	20
	antes que serlo ninguno	
	se dejaría morir.	
FLORES.	¡Qué cansado es de sufrir!	
	¡Qué áspero y qué importuno!	
	Llaman la descortesía	25
	necedad en los iguales,	
	porque es entre desiguales	
	linaje de tiranía.	
	Aquí no te toca nada:	
	que un muchacho aún no ha llegado	30
	a saber qué es ser amado.	
COMENDADOR.	La obligación de la espada	
	que le ciñó el mismo día	
	que la Cruz de Calatrava⁵,	

---

⁴ Cortesía/descortesía en uno de los motivos de la obra; curiosamente es introducido por el personaje más descortés.

⁵ La insignia de la Orden de Calatrava era una cruz roja de tres brazos iguales; la lucían sus miembros en sus hábitos. El comendador afirma que solo por llevarla está obligado a ser cortés.

	le cubrió el pecho, bastaba	35
	para aprender cortesía.	
FLORES.	Si te han puesto mal con él,	
	pronto le conocerás.	
ORTUÑO.	Vuélvete, si en duda estás.	
COMENDADOR.	Quiero ver lo que hay en él.	40

(Sale el MAESTRE DE CALATRAVA *y acompañamiento.)*

MAESTRE.   Perdonad, por vida mía,
             Fernán Gómez de Guzmán,
             que agora nueva me dan
             que en la villa estáis.
COMENDADOR.   Tenía
             muy justa queja de vos;   45
             que el amor y la crianza
             me daban más confianza,
             por ser, cual somos los dos,
             vos, maestre en Calatrava,
             yo, vuestro comendador   50
             y muy vuestro servidor.
MAESTRE.   Seguro⁶, Fernando, estaba
             de vuestra buena venida.
             Quiero volveros a dar
             los brazos.
COMENDADOR.   Debéisme honrar,   55
             que he puesto por vos la vida
             entre diferencias tantas,

---

⁶ *Seguro:* ajeno, desconocedor.

	hasta suplir vuestra edad[7]	
	el pontífice.	
MAESTRE.	Es verdad.	
	Y por las señales santas	60
	que a los dos cruzan el pecho,	
	que os lo pago en estimaros	
	y, como a mi padre, honraros.	
COMENDADOR.	De vos estoy satisfecho.	
MAESTRE.	¿Qué hay de guerra por allá?	65
COMENDADOR.	Estad atento, y sabréis	
	la obligación que tenéis.	
MAESTRE.	Decid, que ya lo estoy, ya.	
COMENDADOR.	Gran maestre, don Rodrigo[8]	
	Téllez Girón, que a tan alto	70
	lugar os trajo el valor	
	de aquel vuestro padre claro,	
	que, de ocho años, en vos	
	renunció su maestrazgo,	
	que después, por más seguro,	75
	juraron y confirmaron	

---

7 *suplir vuestra edad el pontífice:* de aquí hasta el verso 83, Lope hace referencia al problema de la elección de Rodrigo como maestre de Calatrava, ya que, por su corta edad, 8 años, fue necesaria la autorización papal. Primero, lo hizo Pío II con la condición de que tuviera un tutor; después, Paulo II nombró en esta función a Juan Pacheco, tío del maestre.

8 Observa cómo, a partir de este verso y hasta el 140, se utiliza el romance para recordar las circunstancias en que don Rodrigo recibe el cargo de Maestre, alabar su genealogía y resumir la situación política en Castilla.

reyes y comendadores,
dando el pontífice santo
Pío segundo sus bulas,
y después las suyas Paulo, 80
para que don Juan Pacheco,
gran maestre de Santiago,
fuese vuestro coadjutor[9];
ya que es muerto, y que os han dado
el gobierno solo a vos, 85
aunque de tan pocos años,
advertid que es honra vuestra
seguir en aqueste caso
la parte de vuestros deudos[10];
porque muerto Enrique cuarto[11], 90
quieren que al rey don Alonso
de Portugal, que ha heredado,
por su mujer, a Castilla,
obedezcan sus vasallos[12];
que aunque pretende lo mismo 95

---

[9] *coadjutor:* tutor. Tras la muerte de Juan Pacheco, marqués de Villena, el joven Rodrigo —aunque joven, ya con 16 años— puede ejercer plenamente su cargo.

[10] *deudos:* parientes.

[11] A la muerte de Enrique IV, se disputaron el trono su hermana, Isabel la Católica, y su hija Juana, casada con don Alonso de Portugal, apodada la Beltraneja porque se sospechaba que no era realmente hija del rey, sino de su valido, don Beltrán de la Cueva.

[12] El comendador le aconseja apoyar, como sus parientes, el bando de Juana y enviar a sus hombres a tomar Ciudad Real, que se mantenía fiel a Isabel.

por Isabel, don Fernando,
gran príncipe de Aragón,
no con derecho tan claro
a vuestros deudos; que, en fin,
no presumen que hay engaño   100
en la sucesión de Juana,
a quien vuestro primo hermano
tiene agora en su poder.
Y así, vengo a aconsejaros
que juntéis los caballeros   105
de Calatrava, en Almagro,
y a Ciudad Real toméis,
que divide como paso
a Andalucía y Castilla,
para mirarlos entrambos.   110
Poca gente es menester,
porque tiene por soldados
solamente sus vecinos
y algunos pocos hidalgos,
que defienden a Isabel   115
y llaman rey a Fernando.
Será bien que deis asombro,
Rodrigo, aunque niño, a cuantos
dicen que es grande esa cruz
para vuestros hombros flacos.   120
Mirad los condes de Urueña,
de quien venís, que mostrando
os están desde la fama
los laureles que ganaron;
los marqueses de Villena,   125
y otros capitanes, tantos,
que las alas de la fama

apenas pueden llevarlos.
Sacad esa blanca espada[13],
que habéis de hacer, peleando,   130
tan roja como la cruz,
porque no podré llamaros
maestre de la cruz roja
que tenéis al pecho, en tanto
que tenéis blanca la espada;   135
que una al pecho y otra al lado,
entrambas han de ser rojas;
y vos, Girón soberano,
capa del templo inmortal
de vuestros claros pasados[14].   140

MAESTRE.   Fernán Gómez, estad cierto
que en esta parcialidad,
porque veo que es verdad,
con mis deudos me concierto[15].
Y si importa, como paso,   145
a Ciudad Real mi intento,
veréis que, como violento
rayo, sus muros abraso.
No porque es muerto mi tío,
piensen de mis pocos años   150
los propios y los extraños

---

[13] *blanca:* significa aquí «no usada todavía», «no manchada de sangre».

[14] El comendador, para convencer al maestre, recurre al valor que debe tener y al respeto que debe mostrar a sus ilustres antepasados.

[15] Es decir, «tomo el partido —me concierto— de mis deudos o parientes, pues veo que tienen razón».

que murió con él mi brío.
Sacaré la blanca espada,
para que quede su luz
de la color de la cruz,   155
de roja sangre bañada.
Vos, adonde residís,
¿tenéis algunos soldados?

COMENDADOR.   Pocos, pero mis criados,
que si de ellos os servís,   160
pelearán como leones.
Ya veis que en Fuente Ovejuna
hay gente humilde, y alguna
no enseñada en escuadrones,
sino en campos y labranzas.   165

MAESTRE.   ¿Allí residís?

COMENDADOR.   Allí
de mi encomienda[16] escogí
casa entre aquestas mudanzas.

MAESTRE.   Vuestra gente se registre.

COMENDADOR. Que no quedará vasallo[17].   170

MAESTRE.   Hoy me veréis a caballo,
poner la lanza en el ristre.

[Plaza de Fuente Ovejuna.]
(Vanse, y salen PASCUALA *y* LAURENCIA.*)*

LAURENCIA.   ¡Mas que nunca acá volviera!

---

[16] Territorio perteneciente a una orden militar,
en este caso la de Calatrava, sobre el que
ejerce su dominio.
[17] Es decir, «no quedará un solo vasallo que no
se enrole —registre— en la tropa».

PASCUALA.	Pues, a la he[18], que pensé	
	que cuando te lo conté,	175
	más pesadumbre te diera.	
LAURENCIA.	¡Plega[19] al cielo que jamás	
	le vea en Fuente Ovejuna!	
PASCUALA.	Yo, Laurencia, he visto alguna	
	tan brava, y pienso que más,	180
	y tenía el corazón	
	blando como una manteca.	
LAURENCIA.	Pues ¿hay encina tan seca	
	como esta mi condición?	
PASCUALA.	¡Anda ya! Que nadie diga	185
	desta agua no beberé.	
LAURENCIA.	¡Voto al sol[20] que lo diré,	
	aunque el mundo me desdiga!	
	¿A qué efecto fuera bueno	
	querer a Fernando yo?	190
	¿Casáreme con él[21]?	
PASCUALA.	No.	
LAURENCIA.	Luego la infamia condeno.	
	¡Cuántas mozas en la villa,	
	del comendador fiadas	
	andan ya descalabradas!	195

---

[18] *a la he por a la fe:* exclamación, muy usual en pastores durante los siglos XVI y XVII, que caracteriza el habla campesina.

[19] *Plega:* plazca, guste al cielo; equivale a «ojalá».

[20] *Voto al sol:* juramento campesino.

[21] Laurencia es consciente de que el comendador solo busca seducirla, ya que en la época no se concibe el matrimonio entre una campesina y un noble.

PASCUALA.	Tendré yo por maravilla
	que te escapes de su mano.
LAURENCIA.	Pues en vano es lo que ves,
	porque ha que me sigue un mes,
	y todo, Pascuala, en vano. 200
	Aquel Flores, su alcahuete,
	y Ortuño, aquel socarrón,
	me mostraron un jubón²²
	una sarta y un copete;
	Dijéronme tantas cosas 205
	de Fernando, su señor,
	que me pusieron temor;
	mas no serán poderosas
	para contrastar mi pecho.
PASCUALA.	¿Dónde te hablaron?
LAURENCIA.	Allá 210
	en el arroyo, y habrá
	seis días.
PASCUALA.	Y yo sospecho
	que te han de engañar, Laurencia.
LAURENCIA.	¿A mí?
PASCUALA.	Que no, sino al cura²³.
LAURENCIA.	Soy, aunque polla²⁴, muy dura 215
	yo para su reverencia.
	Pardiez²⁵, más precio poner,

---

²² *jubón / una sarta y un copete:* un corpiño, un collar y un tocado.

²³ *Sentido irónico e intensificador:* «¿A quién va a ser sino a ti?».

²⁴ *polla:* gallina nueva; aquí, coloquialmente, mujer joven.

²⁵ *Pardiez:* «Por Dios», juramento propio del habla campesina. Se inicia aquí el tópico del «menosprecio de corte y alabanza de aldea».

Pascuala, de madrugada,
un pedazo de lunada[26]
al fuego para comer,   220
con tanto zalacatón[27]
de una rosca que yo amaso,
y hurtar a mi madre un vaso
del pegado cangilón[28];
y más precio al mediodía   225
ver la vaca entre las coles,
haciendo mil caracoles
con espumosa armonía;
y concertar, si el camino
me ha llegado a causar pena,   230
casar una berenjena
con otro tanto tocino;
y después un pasatarde[29],
mientras la cena se aliña
de una cuerda de mi viña,   235
que Dios de pedrisco guarde;
y cenar un salpicón
con su aceite y su pimienta,
y irme a la cama contenta,
y al «inducas tentación»[30]   240
rezalle mis devociones;

---

[26] *lunada:* trozo de tocino o pernil de cerdo.
[27] *zalacatón:* un buen trozo de pan.
[28] *cangilón:* especie de cántaro que sirve para transportar, contener o medir líquidos.
[29] *pasatarde:* merienda.
[30] Se refiere a Dios, a quien alude a través de las palabras del padrenuestro en latín *(et ne nos inducas in tentationem)*.

que cuantas raposerías[31],
con su amor y sus porfías,
tienen estos bellacones,
porque todo su cuidado, 245
después de darnos disgusto,
es anochecer con gusto
y amanecer con enfado.

PASCUALA. Tienes, Laurencia, razón;
que, en dejando de querer, 250
más ingratos suelen ser
que al villano el gorrión.
En el invierno, que el frío
tiene los campos helados,
descienden de los tejados, 255
diciéndole «tío, tío»,
hasta llegar a comer
las migajas de la mesa;
mas luego que el frío cesa,
y el campo ven florecer, 260
no bajan diciendo «tío»,
del beneficio olvidados,
mas saltando en los tejados
dicen: «judío, judío[32]».
Pues tales los hombres son: 265
cuando nos han menester,
somos su vida, su ser,
su alma, su corazón;

---

[31] *raposerías:* engaños, tretas.
[32] El ejemplo se entiende teniendo en cuenta el antisemitismo de la sociedad española del momento; además eran los campesinos los que más presumían de ser cristianos viejos.

pero pasadas las ascuas[33],
las tías somos judías,   270
y en vez de llamarnos tías,
anda el nombre de las Pascuas[34].

LAURENCIA.   ¡No fiarse de ninguno!
PASCUALA.   Lo mismo digo, Laurencia.

(Salen MENGO, BARRILDO *y* FRONDOSO.*)*

FRONDOSO.   En apuesta diferencia   275
             andas, Barrildo, importuno.
BARRILDO.   A lo menos aquí está
             quien nos dirá lo más cierto.
MENGO.   Pues hagamos un concierto
             antes que lleguéis allá,   280
             y es, que si juzgan por mí,
             me dé cada cual la prenda,
             precio de aquesta contienda.
BARRILDO.   Desde aquí digo que sí.
             Mas si pierdes, ¿qué darás?   285
MENGO.   Daré mi rabel de boj[35],
             que vale más que una troj[36]
             porque yo le estimo en más.
BARRILDO.   Soy contento.

---

[33] *ascuas:* pasión amorosa, apetito sexual.
[34] *el nombre de las Pascuas,* es decir, el insulto
(se insulta a las mujeres como se insulta a
los judíos en Pascuas).
[35] *rabel:* instrumento musical de cuerda muy
usado entre los pastores; *boj:* tipo de madera
muy apropiado para la construcción de instrumentos.
[36] *troj:* granero.

FRONDOSO.	Pues lleguemos.
	Dios os guarde, hermosas damas. 290
LAURENCIA.	¿Damas, Frondoso, nos llamas?
FRONDOSO.	Andar al uso queremos[37];

al bachiller, licenciado;
al ciego, tuerto; al bisojo[38],
bizco; resentido, al cojo,   295
y buen hombre, al descuidado;
al ignorante, sesudo;
al mal galán, soldadesca;
a la boca grande, fresca,
y al ojo pequeño, agudo;   300
al pleitista, diligente;
al gracioso, entremetido;
al hablador, entendido,
y al insufrible, valiente;
al cobarde, para poco;   305
al atrevido, bizarro;
compañero, al que es un jarro[39],
y desenfadado, al loco;

---

[37] Tras la respuesta irónica de Laurencia, por haberlas llamado «damas» (calificativo reservado a las nobles), Frondoso introduce una serie de «eufemismos» para caracterizar la moda impuesta desde la corte de no llamar a las cosas por su nombre cuando se trata de anomalías, defectos o insignificancias. Esta censura de la vida cortesana, con su hipocresía y manipulaciones, fue tema frecuente en la época.

[38] *bisojo:* persona que padece estrabismo (anomalía ocular por la cual los dos ejes visuales no se dirigen a la vez a un mismo objeto).

[39] *jarro:* necio, grosero.

gravedad, al descontento;
a la calva, autoridad;   310
donaire, a la necedad,
y al pie grande, buen cimiento;
al buboso, resfriado[40];
comedido, al arrogante;
al ingenioso, constante;   315
al corcovado, cargado.
Esto llamaros imito,
damas, sin pasar de aquí;
porque fuera hablar así
proceder en infinito.   320

LAURENCIA.   Allá en la ciudad[41], Frondoso,
llámase por cortesía
de esa suerte; y a fe mía,
que hay otro más riguroso
y peor vocabulario   325
en las lenguas descorteses.

FRONDOSO.   Querría que lo dijeses.

LAURENCIA.   Es todo a esotro contrario:
al hombre grave, enfadoso;
venturoso, al descompuesto;   330
melancólico, al compuesto,
y al que reprehende, odioso;

---

[40] *bubas:* los granos producidos por la sífilis, que se hacían pasar como síntomas del resfriado.

[41] La ciudad se asocia a la corte. Laurencia ofrece nuevos ejemplos de utilización maliciosa del lenguaje en la corte, en este caso, una serie de términos con los que se desvirtúa la realidad al criticar a quien posee virtudes.

	importuno, al que aconseja;	
	al liberal, moscatel;	
	al justiciero, cruel,	335
	y al que es piadoso, madeja;	
	al que es constante, villano;	
	al que es cortés, lisonjero;	
	hipócrita, al limosnero,	
	y pretendiente, al cristiano;	340
	al justo mérito, dicha;	
	a la verdad, imprudencia;	
	cobardía, a la paciencia,	
	y culpa, a lo que es desdicha;	
	necia, a la mujer honesta;	345
	mal hecha, a la hermosa y casta,	
	y a la honrada... Pero basta,	
	que esto basta por respuesta.	
MENGO.	Digo que eres el dimuño⁴².	
BARRILDO.	¡Soncas⁴³, que lo dice mal!	350
MENGO.	Apostaré que la sal	
	la echó el cura con el puño.	
LAURENCIA.	¿Qué contienda os ha traído,	
	si no es que mal lo entendí?	
FRONDOSO.	Oye, por tu vida.	
LAURENCIA.	Di.	355
FRONDOSO.	Préstame, Laurencia, oído.	

---

⁴² *dimuño:* demonio, en sayagués. Con este término —que toma elementos del dialecto leonés de la comarca de Sayago— se aludía al habla rústica con la que se caracterizaba el lenguaje de los villanos en el teatro de la época.

⁴³ En sayagués, «en verdad».

LAURENCIA.	¿Cómo prestado? Y aun dado.
	Desde agora os doy el mío.
FRONDOSO.	En tu discreción confío.
LAURENCIA.	¿Qué es lo que habéis apostado? 360
FRONDOSO.	Yo y Barrildo contra Mengo.
LAURENCIA.	¿Qué dice Mengo?
BARRILDO.	Una cosa
	que, siendo cierta y forzosa,
	la niega.
MENGO.	A negarla vengo,
	porque yo sé que es verdad. 365
LAURENCIA.	¿Qué dice?
BARRILDO.	Que no hay amor⁴⁴.
LAURENCIA.	Generalmente, es rigor⁴⁵.
BARRILDO.	Es rigor y es necedad.
	Sin amor, no se pudiera
	ni aun el mundo conservar. 370
MENGO.	Yo no sé filosofar;
	leer, ¡ojalá supiera!
	Pero si los elementos
	en discordia eterna viven,
	y de los mismos reciben 375
	nuestros cuerpos alimentos,
	cólera y melancolía,
	flema y sangre, claro está.

---

⁴⁴ Se inicia aquí un debate sobre el amor (frecuentes en la literatura pastoril), en el que los participantes hacen alusión a diversas teorías filosóficas sobre él. Refuerza la idealización del mundo de la aldea.

⁴⁵ *Es rigor:* «es excesivo» (afirmar que no hay amor parece una exageración).

BARRILDO.	El mundo de acá y de allá,	
	Mengo, todo es armonía.	380
	Armonía es puro amor,	
	porque el amor es concierto[46].	
MENGO.	Del natural os advierto	
	que yo no niego el valor.	
	Amor hay, y el que entre sí	385
	gobierna todas las cosas,	
	correspondencias forzosas	
	de cuanto se mira aquí;	
	y yo jamás he negado	
	que cada cual tiene amor	390
	correspondiente a su humor	
	que le conserva en su estado.	
	Mi mano al golpe que viene	
	mi cara defenderá;	
	mi pie, huyendo, estorbará	395
	el daño que el cuerpo tiene.	
	Cerraránse mis pestañas	
	si al ojo le viene mal,	
	porque es amor natural.	
PASCUALA.	Pues ¿de qué nos desengañas?	400
MENGO.	De que nadie tiene amor	
	mas que a su misma persona.	
PASCUALA.	Tú mientes, Mengo, y perdona;	
	porque ¿es materia el rigor	
	con que un hombre a una mujer	405
	o un animal quiere y ama	

---

[46] Se alude a la idea, muy difundida en los debates medievales, del mundo como armonía, un concierto que rige el cielo y la tierra.

	su semejante?	
MENGO.	Eso llama	
	amor propio, y no querer.	
	¿Qué es el amor?	
LAURENCIA.	Es un deseo	
	de hermosura.	
MENGO.	Esa hermosura	410
	¿por qué el amor la procura?	
LAURENCIA.	Para gozarla.	
MENGO.	Eso creo.	
	Pues ese gusto que intenta,	
	¿no es para él mismo?	
LAURENCIA.	Es así.	
MENGO.	Luego, ¿por quererse a sí	415
	busca el bien que le contenta?	
LAURENCIA.	Es verdad.	
MENGO.	Pues de ese modo	
	no hay amor sino el que digo,	
	que por mi gusto le sigo,	
	y quiero dármele en todo.	420
BARRILDO.	Dijo el cura del lugar	
	cierto día en el sermón	
	que había cierto Platón[47]	
	que nos enseñaba a amar;	
	que este amaba el alma sola	425
	y la virtud de lo amado.	

---

[47] En anteriores versos Laurencia ha definido el amor como un deseo de hermosura basándose en teorías neoplatónicas; aquí Barrildo cita a Platón para apoyar su argumentación en defensa de la idea pura de amor, belleza y virtud.

PASCUALA.	En materia habéis entrado	
	que, por ventura, acrisola[48]	
	los caletres de los sabios	
	en sus cademias y escuelas.	430
LAURENCIA.	Muy bien dice, y no te muelas	
	en persuadir sus agravios.	
	Da gracias, Mengo, a los cielos,	
	que te hicieron sin amor.	
MENGO.	¿Amas tú?	
LAURENCIA.	Mi propio honor.	435
FRONDOSO.	Dios te castigue con celos.	
BARRILDO.	¿Quién gana?	
PASCUALA.	Con la quistión	
	podéis ir al sacristán,	
	porque él o el cura os darán	
	bastante satisfacción.	440
	Laurencia no quiere bien;	
	yo tengo poca experiencia.	
	¿Cómo daremos sentencia?	
FRONDOSO.	¿Qué mayor que ese desdén?	

(Sale FLORES.)

FLORES.	Dios guarde a la buena gente.	445
PASCUALA.	(Este es del comendador	
	criado.	

---

[48] *acrisola los caletres:* es decir, «mejora los entendimientos»; es una metáfora burlesca a la que sigue la deformación «cademias» por «academias» para imitar el habla rústica.

LAURENCIA.	¡Gentil azor[49]!).
	¿De adónde bueno, pariente?
FLORES.	¿No me veis a lo soldado?
LAURENCIA.	¿Viene don Fernando acá?
FLORES.	La guerra se acaba ya,
	puesto que nos ha costado
	alguna sangre y amigos.
FRONDOSO.	Contadnos cómo pasó.
FLORES.	¿Quién lo dirá como yo,
	siendo mis ojos testigos[50]?

450

455

Para emprender la jornada
desta ciudad, que ya tiene
nombre de Ciudad Real,
juntó al gallardo maestre   460
dos mil lucidos infantes
de sus vasallos valientes,
y trescientos de a caballo
de seglares y de freiles,
porque la cruz roja obliga   465
cuantos al pecho la tienen,
aunque sean de orden sacro;
mas contra moros, se entiende.
Salió el muchacho[51] bizarro
con una casaca verde,   470

---

[49] El azor es un ave rapaz empleada en la caza; aquí, con la metáfora, alude a que Flores es el «azor» que utiliza el comendador para sus *cacerías amorosas*.

[50] Observa cómo varía la estrofa y se pasa al romance para narrar lo ocurrido en la guerra. Son las primeras noticias de la segunda acción.

[51] Se refiere al maestre, Rodrigo Téllez Girón.

bordada de cifras de oro,
que solo los brazaletes
por las mangas descubrían,
que seis alamares[52] prenden.

Un corpulento bridón[53]   475
rucio rodado, que al Betis[54]
bebió el agua, y en su orilla
despuntó la grama fértil;
el codón[55], labrado en cintas
de ante; y el rico copete   480
cogido en blancas lazadas,
que con las moscas de nieve[56]
que bañan la blanca piel
iguales labores teje.
A su lado Fernán Gómez,   485
vuestro señor, en un fuerte
melado[57], de negros cabos[58]
puesto que con blanco bebe[59].

---

[52] *alamares:* presillas de gala con sus correspondientes botones.
[53] *bridón:* caballo ensillado y con bridas, dispuesto para entrar en batalla.
[54] *Betis:* el río Guadalquivir. En estos versos está describiendo el típico caballo andaluz, raza de las más prestigiosas.
[55] *codón:* especie de bolsa de cuero que sirve para cubrir la cola del caballo.
[56] *moscas de nieve:* metáfora con que se refiere a las manchas negras sobre la piel blanca del caballo.
[57] *melado:* caballo del color de la miel.
[58] *negros cabos:* pezuñas negras.
[59] Es decir, «tiene el hocico blanco». Los caballos con patas negras y labio blanco tenían fama de buenos y leales.

Sobre turca jacerina[60]
peto y espaldar luciente,   490
con naranjada casaca,
que de oro y perlas guarnece.
El morrión[61] que, coronado
con blancas plumas, parece
que del color naranjado   495
aquellos azares[62] vierte.
Ceñida al brazo una liga
roja y blanca, con que mueve
un fresno[63] entero por lanza,
que hasta en Granada le temen.   500
La ciudad se puso en arma;
dicen que salir no quieren
de la corona real,
y el patrimonio defienden.
Entrola, bien resistida;   505
y el maestre a los rebeldes
y a los que entonces trataron
su honor injuriosamente,
mandó cortar las cabezas,
y a los de la baja plebe   510
con mordazas en la boca,
azotar públicamente.
Queda en ella tan temido

---

[60] *turca jacerina:* cota hecha de mallas de ace-
ro muy fina; era propia de los nobles.
[61] *morrión:* parte de la armadura que cubre la
cabeza a modo de casco y que suele rema-
tarse con un plumaje alto.
[62] *azares:* azahares (flores del naranjo).
[63] Identifica, en hipérbole, la lanza con un
grueso árbol (fresno).

y tan amado que creen
que quien en tan pocos años   515
pelea, castiga y vence
ha de ser en otra edad
rayo del África fértil,
que tantas lunas azules
a su roja cruz sujete.   520
Al comendador y a todos
ha hecho tantas mercedes
que el saco[64] de la ciudad
al de su hacienda parece.
Mas ya la música suena: 525
recebilde[65] alegremente,
que al triunfo, las voluntades
son los mejores laureles.

(Salen el COMENDADOR *y* ORTUÑO, *músicos;* JUAN ROJO,
y ESTEBAN *y* ALONSO, *alcaldes.)*

Cantan:
Sea bien venido
el comendadore[66]   530

---

[64] *saco:* botín conseguido del saqueo de la ciudad vencida.

[65] *Recebidle.* En esta palabra vemos algunos
de los rasgos de la lengua de la época: el
cambio del orden de las consonantes —metátesis— y la vacilación vocálica (e/i). A partir
de aquí, para no producir extrañeza, se han
actualizado los casos parecidos.

[66] La -e final es paragógica y dota al poema de
un tono arcaizante, al tiempo que facilita la
rima. Observa que se trata de un romancillo
—romance de menos de ocho sílabas—.

de rendir las tierras
y matar los hombres.
¡Vivan los Guzmanes!
¡Vivan los Girones!
Si en las paces blando,   535
dulce en las razones.
Venciendo moriscos,
fuerte como un roble,
de Ciudad Reale
viene vencedore;   540
que a Fuente Ovejuna
trae los sus pendones.
¡Viva muchos años,
viva Fernán Gómez!

COMENDADOR.   Villa, yo os agradezco justamente   545
               el amor que me habéis aquí mostrado.
ALONSO.   Aún no muestra una parte del que siente.
               Pero ¿qué mucho que seáis amado
               mereciéndolo vos?
ESTEBAN.   Fuente Ovejuna
               y el Regimiento que hoy habéis honrado   550
               que recibáis os ruega y importuna
               un pequeño presente, que esos carros
               traen, señor, no sin vergüenza alguna,
               de voluntades y árboles bizarros,
               más que de ricos dones. Lo primero   555
               traen dos cestas de polidos barros;
               de gansos viene un ganadillo entero,
               que sacan por las redes las cabezas,
               para cantar vueso[67] valor guerrero.

---

[67] *vueso:* forma arcaica de «vuestro».

Diez cebones en sal, valientes piezas,   560
sin otras menudencias y cecinas,
y más que guantes de ámbar, sus cortezas.
Cien pares de capones y gallinas,
que han dejado viudos a sus gallos
en las aldeas que miráis vecinas.   565
Acá no tienen armas ni caballos,
no jaeces bordados de oro puro,
si no es oro el amor de los vasallos.
Y porque digo puro, os aseguro
que vienen doce cueros[68], que aun
                                          [en cueros   570
por enero podéis guardar un muro,
si de ellos aforráis vuestros guerreros,
mejor que de las armas aceradas;
que el vino suele dar lindos aceros.
De quesos y otras cosas no excusadas   575
no quiero daros cuenta: justo pecho[69]
de voluntades que tenéis ganadas;
y a vos y a vuestra casa, ¡buen provecho!

COMENDADOR.   Estoy muy agradecido.
               Id, regimiento, en buen hora.   580
ALONSO.   Descansad, señor, agora,
               y seáis muy bien venido;

---

[68] Juego de palabras con los homónimos. El primer *cueros* se refiere a «cueros de vino puro», y el segundo, *en cueros,* a la desnudez. Esteban asegura que el vino da más ánimos (aceros) y calor (por enero) a los guerreros que las armas del metal del mismo nombre. El verbo *aforrar* significa «vestir, abrigar».

[69] *pecho:* tributo que se pagaba al rey o al dueño de las tierras.

	que esta espadaña que veis,	
	y juncia[70], a vuestros umbrales	
	fueran perlas orientales,	585
	y mucho más merecéis,	
	a ser posible a la villa.	
COMENDADOR.	Así lo creo, señores.	
	Id con Dios.	
ESTEBAN.	Ea, cantores,	
	vaya otra vez la letrilla.	590

Cantan:
Sea bien venido
el Comendadore
de rendir las tierras
y matar los hombres.

(Vanse.)

COMENDADOR.	Esperad vosotras dos.	595
LAURENCIA.	¿Qué manda su señoría?	
COMENDADOR.	¿Desdenes el otro día,	
	pues, conmigo? ¡Bien, por Dios!	
LAURENCIA.	¿Habla contigo, Pascuala?	
PASCUALA.	Conmigo no, ¡tirte ahuera![71]	600
COMENDADOR.	Con vos hablo, hermosa fiera,	
	y con esotra zagala.	
	¿Mías no sois?	
PASCUALA.	Sí, señor;	
	mas no para cosas tales.	

---

70 *espadañas y juncias:* dos plantas que se esparcían por el suelo en los días de fiesta.
71 *tirte ahuera:* expresión rústica equivalente a una negación, «anda allá» (de «tírate allá»).

COMENDADOR.	Entrad, pasad los umbrales;	605
	hombres hay, no hayáis temor.	
LAURENCIA.	Si los alcaldes entraran,	
	que de uno soy hija yo,	
	bien huera entrar; mas si no...	
COMENDADOR.	¡Flores!	
FLORES.	Señor...	
COMENDADOR.	¿Qué reparan	610
	en no hacer lo que les digo?	
FLORES.	Entrá, pues.	
LAURENCIA.	No nos agarre.	
FLORES.	Entrad; que sois necias.	
PASCUALA.	Arre,	
	que echaréis luego el postigo.	
FLORES.	Entrad; que os quiere enseñar	615
	lo que trae de la guerra.	
COMENDADOR.	*(Aparte.)* Si entraren, Ortuño, cierra.	
LAURENCIA.	Flores, dejadnos pasar.	
ORTUÑO.	¡También venís presentadas[72]	
	con lo demás!	
PASCUALA.	¡Bien a fe!	620
	Desvíese, no le dé...	
FLORES.	Basta, que son extremadas.	
LAURENCIA.	¿No basta a vuestro señor	
	tanta carne presentada?	
ORTUÑO.	La vuestra es la que le agrada.	625
LAURENCIA.	¡Reviente de mal dolor!	

---

[72] *presentadas:* ofrecidas, incluidas.

Vanse.

FLORES.	¡Muy buen recado llevamos!
	No se ha de poder sufrir
	lo que nos ha de decir
	cuando sin ellas nos vamos. 630
ORTUÑO.	Quien sirve se obliga a esto.
	Si en algo desea medrar[73],
	o con paciencia ha de estar,
	o ha de despedirse presto.

[Habitación del palacio de los Reyes Católicos.]
(Vanse los dos y salgan el REY DON FERNANDO, *la* REINA
DOÑA ISABEL, DON MANRIQUE *y acompañamiento.)*

ISABEL.	Digo, señor, que conviene 635
	el no haber descuido en esto,
	por ver a Alfonso[74] en tal puesto,
	y su ejército previene.
	Y es bien ganar por la mano
	antes que el daño veamos; 640
	que si no lo remediamos,
	el ser muy cierto está llano.
REY.	De Navarra y de Aragón
	está el socorro seguro,
	y de Castilla procuro 645
	hacer la reformación
	de modo que el buen suceso

---

[73] *medrar*: prosperar.
[74] Se refiere a Alfonso V de Portugal, que tiene el ejército en la frontera *(puesto)* y prepara el ataque *(su ejército previene).*

	con la prevención se vea.	
ISABEL.	Pues vuestra majestad crea	
	que el buen fin consiste en eso.	650
MANRIQUE[75].	Aguardando tu licencia	
	dos regidores están	
	de Ciudad Real: ¿entrarán?	
REY.	No les nieguen mi presencia.	

(Salen dos regidores de Ciudad Real.)

REGIDOR 1.º	Católico rey Fernando,	655
	a quien ha enviado el cielo,	
	desde Aragón a Castilla,	
	para bien y amparo nuestro;	
	en nombre de Ciudad Real	
	a vuestro valor supremo	660
	humildes nos presentamos	
	el real amparo pidiendo.	
	A mucha dicha tuvimos	
	tener título de vuestros,	
	pero pudo derribarnos	665
	deste honor el hado adverso.	
	El famoso don Rodrigo	
	Téllez Girón, cuyo esfuerzo	
	es en valor extremado,	
	aunque es en la edad tan tierno,	670
	maestre de Calatrava,	
	él, ensanchar pretendiendo	

[75] Don Rodrigo Manrique, maestre de Santiago y consejero de los Reyes Católicos. A él dedica Jorge Manrique sus famosas *Coplas a la muerte de su padre.*

el honor de la encomienda,
nos puso apretado cerco.
Con valor nos prevenimos,   675
a su fuerza resistiendo,
tanto que arroyos corrían
de la sangre de los muertos.
Tomó posesión, en fin;
pero no llegara a hacerlo,   680
a no le dar Fernán Gómez
orden, ayuda y consejo.
Él queda en la posesión
y sus vasallos seremos;
suyos, a nuestro pesar,   685
a no remediarlo presto.

REY.   ¿Dónde queda Fernán Gómez?
REGIDOR 1.º   En Fuente Ovejuna creo,
                 por ser su villa, y tener
                 en ella casa y asiento.   690
                 Allí, con más libertad
                 de la que decir podemos,
                 tiene a los súbditos suyos
                 de todo contento ajenos[76].
REY.   ¿Tenéis algún capitán?   695
REGIDOR 2.º   Señor, el no haberle es cierto,
                 pues no escapó ningún noble
                 de preso, herido o de muerto.
ISABEL.   Ese caso no requiere

---

[76] El regidor de Ciudad Real, tras atribuir en versos anteriores al comendador la culpa del ataque a Ciudad Real, hace alusión también al descontento de los habitantes de Fuente Ovejuna por sus abusos de poder.

	ser de espacio remediado,	700
	que es dar al contrario osado	
	el mismo valor que adquiere;	
	y puede el de Portugal,	
	hallando puerta segura,	
	entrar por Extremadura	705
	y causarnos mucho mal.	
REY.	Don Manrique, partid luego,	
	llevando dos compañías;	
	remediad sus demasías,	
	sin darles ningún sosiego.	710
	El conde de Cabra ir puede	
	con vos, que es Córdoba osado,	
	a quien nombre de soldado	
	todo el mundo le concede;	
	que éste es el mcdio mcjor	715
	que la ocasión nos ofrece.	
MANRIQUE.	El acuerdo me parece	
	como de tan gran valor.	
	Pondré límite a su exceso,	
	si el vivir en mí no cesa.	720
ISABEL.	Partiendo vos a la empresa,	
	seguro está el buen suceso.	

[Campo de Fuente Ovejuna.]
(Vanse todos y salen LAURENCIA *y* FRONDOSO.)

LAURENCIA.	A medio torcer los paños[77],
	quise, atrevido Frondoso,

---

[77] *A medio torcer los paños:* «mientras lavaba la ropa».

para no dar que decir, 725
desviarme del arroyo;
decir a tus demasías
que murmura el pueblo todo,
que me miras y te miro,
y todos nos traen sobre ojo. 730
Y como tú eres zagal
de los que huellan brioso
y, excediendo a los demás,
vistes bizarro y costoso,
en todo el lugar no hay moza 735
o mozo en el prado o soto,
que no se afirme diciendo
que ya para en uno somos;
y esperan todo el día
que el sacristán Juan Chamorro 740
nos eche de la tribuna,
en dejando los piporros[78].
Y mejor sus trojes vean
de rubio trigo en agosto
atestadas y colmadas, 745
y sus tinajas de mosto,
que tal imaginación
me ha llegado a dar enojo:
ni me desvela ni aflige,
ni en ella el cuidado pongo. 750

FRONDOSO. Tal me tienen tus desdenes,
bella Laurencia, que tomo,
en el peligro de verte,
la vida, cuando te oigo.

---

[78] *piporro:* fagot, instrumento musical.

	Si sabes que es mi intención	755
	el desear ser tu esposo,	
	mal premio das a mi fe.	
LAURENCIA.	Es que yo no sé dar otro.	
FRONDOSO.	¿Posible es que no te duelas	
	de verme tan cuidadoso,	760
	y que, imaginando en ti,	
	ni bebo, duermo ni como?	
	¿Posible es tanto rigor	
	en ese angélico rostro?	
	¡Viven los cielos, que rabio!	765
LAURENCIA.	¡Pues salúdate[79], Frondoso!	
FRONDOSO.	Ya te pido yo salud,	
	y que ambos como palomos	
	estemos, juntos los picos,	
	con arrullos sonorosos,	770
	después de darnos la Iglesia…	
LAURENCIA.	Dilo a mi tío Juan Rojo,	
	que, aunque no te quiero bien,	
	ya tengo algunos asomos[80].	
FRONDOSO.	¡Ay de mí! El señor es este.	775
LAURENCIA.	Tirando viene a algún corzo.	
	¡Escóndete en esas ramas!	
FRONDOSO.	¡Y con qué celos me escondo!	

(Sale el COMENDADOR.*)*

COMENDADOR. No es malo venir siguiendo

---

[79] *salúdate:* «cúrate de la rabia» (en respuesta
al verso anterior, «*que rabio*»).
[80] Aunque no esté enamorada, parece que
siente algo.

	un corzillo temeroso,	780
	y topar tan bella gama[81].	
LAURENCIA.	Aquí descansaba un poco	
	de haber lavado unos paños;	
	y así, al arroyo me torno,	
	si manda su señoría.	785
COMENDADOR.	Aquesos desdenes toscos	

afrentan, bella Laurencia,
las gracias que el poderoso
cielo te dio, de tal suerte
que vienes a ser un monstruo.   790
Mas si otras veces pudiste
huir mi ruego amoroso,
agora no quiere el campo,
amigo secreto y solo;
que tú sola no has de ser   795
tan soberbia, que tu rostro
huyas al señor que tienes,
teniéndome a mí en tan poco.
¿No se rindió Sebastiana,
mujer de Pedro Redondo,   800
con ser casadas entrambas,
y la de Martín del Pozo,
habiendo apenas pasado
dos días del desposorio?

LAURENCIA.   Esas, señor, ya tenían,   805
de haber andado con otros,
el camino de agradaros,

---

[81] Por segunda vez, la figura del comendador aparece asociada a la caza, con una clara intención simbólica sexual.

porque también muchos mozos
merecieron sus favores.
Id con Dios tras vuestro corzo;   810
que a no veros con la cruz
os tuviera por demonio,
pues tanto me perseguís.

COMENDADOR. ¡Qué estilo tan enfadoso!
Pongo la ballesta en tierra,   815
y a la práctica de manos[82]
reduzco melindres.

LAURENCIA.   ¡Cómo!
¿Eso hacéis? ¿Estáis en vos?

(Sale FRONDOSO *y toma la ballesta.)*

COMENDADOR. *(Sin percatarse de la salida de* FRONDOSO.*)*
No te defiendas.

FRONDOSO.   (Aparte.)
(Si tomo
la ballesta, ¡vive el cielo,   820
que no la ponga en el hombro!)

COMENDADOR. Acaba, ríndete.

LAURENCIA.   ¡Cielos,
ayudadme agora!

COMENDADOR.   Solos
estamos; no tengas miedo.

FRONDOSO.   *(Dirigiéndose al* COMENDADOR.*)*
Comendador generoso,   825

---

82 *A la práctica de manos reduzco melindres:* el
comendador está decidido a emplear la fuerza para conseguir a Laurencia.

	dejad la moza o creed	
	que de mi agravio y enojo	
	será blanco vuestro pecho,	
	aunque la cruz me da asombro.	
COMENDADOR.	¡Perro villano!	
FRONDOSO.	No hay perro.	830
	¡Huye, Laurencia!	
LAURENCIA.	Frondoso,	
	mira lo que haces.	
FRONDOSO.	¡Vete!	

(Vase.)

COMENDADOR.	¡Oh, mal haya el hombre loco,	
	que se desciñe la espada!	
	Que, de no espantar medroso	835
	la caza, me la quité.	
FRONDOSO.	Pues, pardiez, señor, si toco	
	la nuez, que os he de apiolar[83].	
COMENDADOR.	Ya es ida; infame, alevoso,	
	suelta la ballesta luego.	840
	¡Suéltala, villano!	
FRONDOSO.	¿Cómo?	
	Que me quitaréis la vida.	
	Y advertid que amor es sordo,	
	y que no escucha palabras	
	el día que está en su trono.	845
COMENDADOR.	¿Pues la espalda ha de volver	
	un hombre tan valeroso	
	a un villano? ¡Tira, infame,	

---

[83] *apiolar:* matar.

FRONDOSO.

tira, y guárdate, que rompo
las leyes de caballero! 850
Eso, no. Yo me conformo
con mi estado, y, pues me es
guardar la vida forzoso,
con la ballesta me voy.

COMENDADOR. ¡Peligro extraño y notorio! 855
Mas yo tomaré venganza
del agravio y del estorbo.
¡Que no cerrara[84] con él!
¡Vive el cielo, que me corro[85]!

[84] *Cerrar con alguno:* arremeter con furia contra alguien.
[85] *corro:* «avergüenzo».

ACTO SEGUNDO

[Plaza de Fuente Ovejuna.]
(Salen ESTEBAN *y* REGIDOR 1.º.)

ESTEBAN.   Así tenga salud, como parece,   860
          que no se saque más agora el pósito[1].
          El año apunta mal, y el tiempo crece,
          y es mejor que el sustento esté en depósito,
          aunque lo contradicen más de trece.

REGIDOR.   Yo siempre he sido, al fin, desde propósito,   865
          en gobernar en paz esta república.

ESTEBAN.   Hagamos dello a Fernán Gómez súplica.
          No se puede sufrir que estos astrólogos
          en las cosas futuras, y ignorantes,
          nos quieran persuadir con largos prólogos   870
          los secretos a Dios solo importantes.
          ¡Bueno es que, presumiendo de teólogos,
          hagan un tiempo el que después y antes!
          Y pidiendo el presente lo importante

---

[1] *pósito:* depósito de cereal de carácter muni-
cipal cuya función consistía en abastecer y
realizar préstamos a los vecinos en periodos
de escasez o malas cosechas.

al más sabio veréis más ignorante[2].   875
¿Tienen ellos las nubes en su casa
y el proceder de las celestes lumbres?
¿Por dónde ven lo que en el cielo pasa,
para darnos con ello pesadumbres?
Ellos en el sembrar nos ponen tasa: 880
daca[3] el trigo, cebada y las legumbres,
calabazas, pepinos y mostazas...
¡Ellos son, a la fe, las calabazas[4]!
Luego cuentan que muere una cabeza[5],
y después viene a ser en Trasilvania;   885
que el vino será poco, y la cerveza
sobrará por las partes de Alemania;
que se helará en Gascuña la cereza,
y que habrá muchos tigres en Hircania.
Y al cabo, al cabo, se siembre o no se
                                          [siembre,   890
el año se remata por diciembre.

           (Salen el licenciado Leonelo *y* Barrildo.*)*

Leonelo.   A fe, que no ganéis la palmatoria[6],

---

2 Esteban critica a los astrólogos que, presumien-
do de sus predicciones meteorológicas, influían
en los campesinos y sus tareas agrícolas.
3 *daca:* contracción: «da, o dame, acá (una
parte de la cosecha)».
4 *calabazas:* ignorantes (juego de palabras con
el verso anterior).
5 *una cabeza:* un personaje principal.
6 Sentido metafórico: el primer estudiante que
llegaba a la escuela se hacía cargo de la palmatoria para aplicar los castigos; aquí, pues,

	porque ya está ocupado el mentidero.	
BARRILDO.	¿Cómo os fue en Salamanca?	
LEONELO.	Es larga historia.	
BARRILDO.	Un Bartulo[7] seréis.	
LEONELO.	Ni aun un barbero.	895

Es, como digo, cosa muy notoria
en esta facultad lo que os refiero.

BARRILDO. Sin duda que venís buen estudiante.

LEONELO. Saber he procurado lo importante.

BARRILDO. Después que vemos tanto libro impreso,   900
no hay nadie que de sabio no presuma.

LEONELO. Antes que ignoran más, siento por eso,
por no se reducir a breve suma,
porque la confusión, con el exceso,
los intentos resuelve en vana espuma;   905
y aquel que de leer tiene más uso,
de ver letreros[8] solo está confuso.
No niego yo que de imprimir el arte
mil ingenios sacó de entre la jerga,
y que parece que en sagrada parte   910
sus obras guarda y contra el tiempo alberga;
este las distribuye y las reparte.
Débese esta invención a Gutemberga,
un famoso tudesco de Maguncia,
en quien la fama su valor renuncia.   915

---

se refiere a que no llega primero al menti-
dero, el lugar donde se reúne la gente para
conversar.

[7] Bartulo, tomado como sinónimo de «sabio»;
se refiere a Bàrtolo de Sassoferrato, un famoso jurista italiano.

[8] *letreros:* títulos de libros.

Mas muchos que opinión tuvieron grave
por imprimir sus obras la perdieron;
tras esto, con el nombre del que sabe,
muchos sus ignorancias imprimieron.
Otros, en quien la baja envidia cabe,   920
sus locos desatinos escribieron,
y con nombre de aquel que aborrecían,
impresos por el mundo los envían[9].

BARRILDO.   No soy desa opinión.
LEONELO.   El ignorante
es justo que se vengue del letrado.   925
BARRILDO.   Leonelo, la impresión es importante.
LEONELO.   Sin ella muchos siglos se han pasado,
y no vemos que en este se levante
un Jerónimo santo, un Agustino[10].
BARRILDO.   Dejadlo y asentaos, que estáis mohíno.   930

(Salen JUAN ROJO y otro labrador.)

JUAN.   No hay en cuatro haciendas para un dote,
si es que las vistas han de ser al uso;
que el hombre que es curioso es bien que note
que en esto el barrio y vulgo anda confuso.
LABRADOR.   ¿Qué hay del comendador? ¡No os
[alborote!   935

---

[9] Leonelo critica la atribución falsa a un autor famoso de obras que no son suyas. Parece una alusión autobiográfica, pues eso mismo le ocurrió a Lope.
[10] Leonelo sostiene que la imprenta no influye en el conocimiento, de ahí que en su época no han surgido autores de la talla de san Jerónimo o san Agustín, padres de la Iglesia.

JUAN.	¡Cuál a Laurencia en ese campo puso!
LABRADOR.	¿Quién fue cual él tan bárbaro y lascivo?
	Colgado le vea yo de aquel olivo.

(Salen el COMENDADOR, ORTUÑO *y* FLORES.*)*

COMENDADOR.	Dios guarde la buena gente.	
REGIDOR.	¡Oh, señor!	
COMENDADOR.	¡Por vida mía,	940
	que se estén![11].	
ALCALDE.	Vusiñoría[12],	
	adonde suele se siente,	
	que en pie estaremos muy bien.	
COMENDADOR.	¡Digo que se han de sentar!	
ESTEBAN.	De los buenos es honrar,	945
	que no es posible que den	
	honra los que no la tienen[13].	
COMENDADOR.	Siéntense; hablaremos algo.	
ESTEBAN.	¿Vio vusiñoría el galgo?	
COMENDADOR.	Alcalde, espantados vienen	950
	esos criados de ver	
	tan notable ligereza.	
ESTEBAN.	Es una extremada pieza.	
	Pardiez, que puede correr	
	a un lado de un delincuente	955

---

[11] *que se estén:* que no se levanten, que continúen sentados.

[12] *Vusiñoría:* forma rústica de «vuestra señoría».

[13] Esteban recuerda el refrán «Da honra quien la tiene»; su tono parece irónico, pues sabe que el comendador está deshonrando a la mayoría de sus súbditos.

	o de un cobarde, en quistión.	
COMENDADOR.	Quisiera en esta ocasión	
	que le hiciérades pariente	
	a una liebre[14] que por pies	
	por momentos se me va.	960
ESTEBAN.	Sí haré, par Dios. ¿Dónde está?	
COMENDADOR.	Allá; vuestra hija es.	
ESTEBAN.	¿Mi hija?	
COMENDADOR.	Sí.	
ESTEBAN.	Pues ¿es buena	
	para alcanzada de vos?	
COMENDADOR.	Reñidla, alcalde, por Dios.	965
ESTEBAN.	¿Cómo?	
COMENDADOR.	Ha dado en darme pena.	
	Mujer hay, y principal,	
	de alguno que está en la plaza,	
	que dio, a la primera traza,	
	traza de verme.	
ESTEBAN.	Hizo mal;	970
	y vos, señor, no andáis bien	
	en hablar tan libremente.	
COMENDADOR.	¡Oh, qué villano elocuente!	
	¡Ah, Flores!, haz que le den	
	la *Política,* en que lea,	975
	de Aristóteles.	
ESTEBAN.	Señor,	
	debajo de vuestro honor	
	vivir el pueblo desea.	
	Mirad que en Fuente Ovejuna	
	hay gente muy principal.	980

---

14 El comendador se refiere a Laurencia.

LEONELO.	(¿Viose desvergüenza igual?)
COMENDADOR.	Pues ¿he dicho cosa alguna
	de que os pese, regidor?
REGIDOR.	Lo que decís es injusto;
	no lo digáis, que no es justo 985
	que nos quitéis el honor.
COMENDADOR.	¿Vosotros honor tenéis?
	¡Qué freiles de Calatrava!
REGIDOR.	Alguno acaso se alaba
	de la cruz que le ponéis, 990
	que no es de sangre tan limpia[15].
COMENDADOR.	¿Y ensúciola yo juntando
	la mía a la vuestra?
REGIDOR.	Cuando
	que el mal más tiñe que alimpia.
COMENDADOR.	De cualquier suerte que sea, 995
	vuestras mujeres se honran[16].
ALCALDE.	Esas palabras deshonran;
	las obras no hay quien las crea.
COMENDADOR.	¡Qué cansado villanaje!
	¡Ah! Bien hayan las ciudades 1000
	que a hombres de calidades
	no hay quien sus gustos ataje.
	Allá se precian casados
	que visiten sus mujeres.

---

[15] Relacionada con la honra, se inicia aquí un debate sobre la limpieza de sangre. Esteban considera que muchos campesinos pueden honrarse con ella mucho más que algunos nobles.

[16] El comendador alardea de que para las mujeres es una honra que él goce de ellas.

ESTEBAN.	No harán, que con esto quieres	1005
	que vivamos descuidados[17].	
	En las ciudades hay Dios	
	y más presto quien castiga.	
COMENDADOR.	¡Levantaos de aquí!	
ALCALDE.	¡Que diga	
	lo que escucháis por los dos!	1010
COMENDADOR.	¡Salí de la plaza luego;	
	no quede ninguno aquí!	
ESTEBAN.	Ya nos vamos.	
COMENDADOR.	¡Pues no ansí!	
FLORES.	Que te reportes[18] te ruego.	
COMENDADOR.	¡Querrían hacer corrillo	1015
	los villanos en mi ausencia!	
ORTUÑO.	Ten un poco de paciencia.	
COMENDADOR.	De tanta me maravillo.	
	Cada uno de por sí	
	se vayan hasta sus casas.	1020
LEONELO.	(¡Cielo! ¿Que por esto pasas?)	
ESTEBAN.	Ya yo me voy por aquí.	

(Vanse.)

COMENDADOR.	¿Qué os parece desta gente?	
ORTUÑO.	No sabes disimular	
	que no quieres escuchar	1025
	el disgusto que se siente.	

---

[17] Esteban censura al comendador que los quiera engañar diciéndoles que en las ciudades los hombres aceptan que sus mujeres sean seducidas por nobles. Apela a continuación a Dios y a la justicia.

[18] *reportar:* contenerse, moderar el ánimo.

COMENDADOR.	¿Estos se igualan conmigo?
FLORES.	Que no es aqueso igualarse.
COMENDADOR.	Y el villano ¿ha de quedarse
	con ballesta y sin castigo? 1030
FLORES.	Anoche pensé que estaba
	a la puerta de Laurencia;
	y a otro, que su presencia
	y su capilla[19] imitaba,
	de oreja a oreja le di 1035
	un beneficio famoso[20].
COMENDADOR.	¿Dónde estará aquel Frondoso?
FLORES.	Dicen que anda por ahí.
COMENDADOR.	¿Por ahí se atreve a andar
	hombre que matarme quiso? 1040
FLORES.	Como el ave sin aviso,
	o como el pez, viene a dar
	al reclamo o al anzuelo.
COMENDADOR.	¡Que a un capitán cuya espada
	tiemblan Córdoba y Granada, 1045
	un labrador, un mozuelo
	ponga una ballesta al pecho!
	El mundo se acaba, Flores.
FLORES.	Como eso pueden amores.
	Y pues que vives, sospecho 1050
	que grande amistad le debes[21].
COMENDADOR.	Yo he disimulado, Ortuño,
	que si no, de punta a puño,
	antes de dos horas breves

---

[19] *capilla:* capucha.
[20] *un beneficio famoso:* una buena cuchillada.
[21] «Como te dejó vivo, estás en deuda con él».

pasara[22] todo el lugar;   1055
que hasta que llegue ocasión,
al freno de la razón
hago la venganza estar.
¿Qué hay de Pascuala?

FLORES.   Responde
que anda agora por casarse.   1060

COMENDADOR.   Hasta allá quiere fiarse…

FLORES.   En fin, te remite donde
te pagarán de contado[23].

COMENDADOR.   ¿Qué hay de Olalla?

ORTUÑO.   Una graciosa
respuesta.

COMENDADOR.   Es moza briosa.   1065
¿Cómo?

ORTUÑO.   Que su desposado
anda tras ella estos días
celoso de mis recados,
y de que con tus criados
a visitarla venías;   1070
pero que, si se descuida,
entrarás como primero.

COMENDADOR.   ¡Bueno, a fe de caballero!
Pero el villanejo cuida…

ORTUÑO.   Cuida, y anda por los aires.   1075

COMENDADOR.   ¿Qué hay de Inés?

FLORES.   ¿Cuál?

COMENDADOR.   La de Antón.

---

22 *pasara: pasara a cuchillo (de punta a puño)*
   a todos los lugareños.
23 *te remite donde te pagarán de contado: «te*
   manda donde te satisfarán de inmediato».

FLORES.	Para cualquier ocasión
	te ha ofrecido sus donaires.
	Habléla por el corral,
	por donde has de entrar si quieres. 1080
COMENDADOR.	A las fáciles mujeres
	quiero bien y pago mal.
	¡Si estas supiesen, oh Flores,
	estimarse en lo que valen!
FLORES.	No hay disgustos que se igualen 1085
	a contrastar sus favores.
	Rendirse presto desdice
	de la esperanza del bien;
	mas hay mujeres también,
	y el filósofo²⁴ lo dice, 1090
	que apetecen a los hombres
	como la forma desea
	la materia; y que esto sea
	así, no hay de qué te asombres.
COMENDADOR.	Un hombre de amores loco 1095
	huélgase²⁵ que a su accidente
	se le rindan fácilmente,
	mas después las tiene en poco;
	y el camino de olvidar
	al hombre más obligado 1100
	es haber poco costado
	lo que pudo desear.

---

[24] Nueva alusión a Aristóteles, aquí citado como argumento de autoridad. Según él, la mujer es materia y el hombre forma, y para sentirse completa la mujer necesita del hombre.

[25] *huélgase:* «se complace».

(*Sale* CIMBRANOS, *soldado.*)

CIMBRANOS.	¿Está aquí el comendador?
ORTUÑO.	¿No le ves en tu presencia?
CIMBRANOS.	¡Oh, gallardo Fernán Gómez!

Trueca la verde montera
en el blanco morrión[26],
y el gabán en armas nuevas;
que el maestre de Santiago
y el conde de Cabra cercan
a don Rodrigo Girón,
por la castellana Reina,
en Ciudad Real; de suerte
que no es mucho que se pierda
lo que en Calatrava sabes
que tanta sangre le cuesta.
Ya divisan con las luces,
desde las altas almenas,
los castillos y leones
y barras aragonesas.
Y aunque el rey de Portugal
honrar a Girón quisiera,
no hará poco en que el maestre
a Almagro con vida vuelva.
Ponte a caballo, señor;
que solo con que te vean
se volverán a Castilla.

COMENDADOR.   No prosigas; tente, espera.

1105
1110
1115
1120
1125

---

[26] *Trueca... morrión:* «cambia el gorro de cazador (verde) por el casco de guerrero (con plumas blancas)».

	Haz, Ortuño, que en la plaza	
	toquen luego una trompeta.	1130
	¿Qué soldados tengo aquí?	
ORTUÑO.	Pienso que tienes cincuenta.	
COMENDADOR.	Pónganse a caballo todos.	
CIMBRANOS.	Si no caminas apriesa,	
	Ciudad Real es del rey.	1135
COMENDADOR.	No hayas miedo que lo sea.	

(Vanse.)
[Campo cerca de Fuente Ovejuna.]
(Salen MENGO, LAURENCIA *y* PASCUALA, *huyendo.)*

	PASCUALA.	No te apartes de nosotras.	
MENGO.	Pues ¿aquí tenéis temor?	
LAURENCIA.	Mengo, a la villa es mejor	
	que vamos unas con otras,	1140
	pues que no hay hombre ninguno,	
	porque no demos con él.	
MENGO.	¡Que este demonio cruel	
	nos sea tan importuno!	
LAURENCIA.	No nos deja a sol ni a sombra.	1145
MENGO.	¡Oh, rayo del cielo baje	
	que sus locuras ataje!	
LAURENCIA.	Sangrienta fiera le nombra,	
	arsénico y pestilencia	
	del lugar.	
MENGO.	Hanme contado	1150
	que Frondoso, aquí, en el prado,	
	para librarte, Laurencia,	
	le puso al pecho una jara[27].	

---

[27] *jara:* flecha de ballesta.

LAURENCIA.	Los hombres aborrecía,	
	Mengo, mas desde aquel día	1155
	los miro con otra cara.	
	¡Gran valor tuvo Frondoso!	
	Pienso que le ha de costar	
	la vida.	
MENGO.	Que del lugar	
	se vaya será forzoso.	1160
LAURENCIA.	Aunque ya le quiero bien,	
	eso mismo le aconsejo;	
	mas recibe mi consejo	
	con ira, rabia y desdén;	
	y jura el comendador	1165
	que le ha de colgar de un pie.	
PASCUALA.	¡Mal garrotillo[28] le dé!	
MENGO.	Mala pedrada es mejor.	
	¡Voto al sol, si le tirara	
	con la que llevo al apero,	1170
	que al sonar el crujidero,	
	al casco se la encajara[29]!	
	No fue Sábalo, el romano,	
	tan vicioso por jamás.	
LAURENCIA.	Heliogábalo dirás,	1175
	más que una fiera inhumano.	

---

[28] *garrotillo:* enfermedad infecciosa.

[29] *si le tirara... encajara:* «si la tirara con la honda que llevo en mi aparejo, nada más sonar *(el crujidero)* le incrustaba la piedra en la cabeza *(los cascos)*».

MENGO.	Pero Galván[30], o quien fue,
	que yo no entiendo de historia,
	más su cativa memoria
	vencida deste se ve. 1180
	¿Hay hombre en naturaleza
	como Fernán Gómez?
PASCUALA.	No,
	que parece que le dio
	de una tigre la aspereza.

(Sale JACINTA.)

JACINTA.	¡Dadme socorro, por Dios, 1185
	si la amistad os obliga!
LAURENCIA.	¿Qué es esto, Jacinta, amiga?
PASCUALA.	Tuyas lo somos las dos.
JACINTA.	Del comendador criados,
	que van a Ciudad Real, 1190
	más de infamia natural
	que de noble acero armados,
	me quieren llevar a él.
LAURENCIA.	Pues, Jacinta, Dios te libre,
	que cuando contigo es libre[31], 1195
	conmigo será crüel.

---

30 *Sábalo… Galván:* en la comedia barroca, el personaje del gracioso suele confundir palabras. Aquí cita al emperador romano Heliogábalo (famoso por su promiscuidad sexual) con el nombre de Sábalo (un tipo de pez) o con el apellido Galván.

31 *libre:* desvergonzado, insolente.

(Vase.)

PASCUALA.   Jacinta, yo no soy hombre
             que te puedo defender.

             (Vase.)

MENGO.   Yo sí lo tengo de ser,
             porque tengo el ser y el nombre.   1200
             Llégate, Jacinta, a mí.
JACINTA.   ¿Tienes armas?
MENGO.   Las primeras
             del mundo.
JACINTA.   ¡Oh, si las tuvieras!
MENGO.   Piedras hay, Jacinta, aquí.

             (Salen FLORES y ORTUÑO.)

FLORES.   ¿Por los pies pensabas irte?   1205
JACINTA.   Mengo, ¡muerta soy!
MENGO.   Señores,
             ¿a estas pobres labradoras…?
ORTUÑO.   Pues ¿tú quieres persuadirte
             a defender la mujer?
MENGO.   Con los ruegos la defiendo,   1210
             que soy su deudo y pretendo
             guardarla, si puede ser.
FLORES.   Quitalde luego la vida.
MENGO.   ¡Voto al sol, si me emberrincho
             y el cáñamo me descincho,   1215
             que la llevéis bien vendida³²!

---

³² *la llevéis bien vendida:* «si me enfado y me
desato la honda, vais a ir bien servidos».

(*Salen el* COMENDADOR *y* CIMBRANOS.)

COMENDADOR.	¿Qué es eso? ¿A cosas tan viles
	me habéis de hacer apear?
FLORES.	Gente deste vil lugar,
	que ya es razón que aniquiles 1220
	pues en nada te da gusto,
	a nuestras armas se atreve.
MENGO.	Señor, si piedad os mueve
	de soceso tan injusto,
	castigad estos soldados, 1225
	que con vuestro nombre agora
	roban una labradora
	a esposo y padres honrados;
	y dadme licencia a mí
	que se la pueda llevar. 1230
COMENDADOR.	Licencia les quiero dar…
	para vengarse de ti.
	¡Suelta la honda!
MENGO.	¡Señor!...
COMENDADOR.	Flores, Ortuño, Cimbranos,
	con ella le atad las manos. 1235
MENGO.	¿Así volvéis por su honor?
COMENDADOR.	¿Qué piensan Fuente Ovejuna
	y sus villanos de mí?
MENGO.	Señor, ¿en qué os ofendí
	ni el pueblo en cosa ninguna? 1240
FLORES.	¿Ha de morir?
COMENDADOR.	No ensuciéis
	las armas que habéis de honrar
	en otro mejor lugar.
ORTUÑO.	¿Qué mandas?

COMENDADOR.	Que lo azotéis.
	Llevadle, y en ese roble 1245
	le atad y le desnudad,
	y con las riendas…
MENGO.	¡Piedad!
	¡Piedad, pues sois hombre noble!
COMENDADOR.	… azotadle hasta que salten
	los hierros de las correas. 1250
MENGO.	¡Cielos! ¿A hazañas tan feas
	queréis que castigos falten?

(Vanse.)

COMENDADOR.	Tú, villana, ¿por qué huyes?
	¿Es mejor un labrador
	que un hombre de mi valor? 1255
JACINTA.	¡Harto bien me restituyes
	el honor que me han quitado
	en llevarme para ti!
COMENDADOR.	¿En quererte llevar?
JACINTA.	Sí,
	porque tengo un padre honrado, 1260
	que si en alto nacimiento
	no te iguala, en las costumbres
	te vence.
COMENDADOR.	Las pesadumbres
	y el villano atrevimiento
	no tiemplan bien un airado. 1265
	¡Tira por ahí!
JACINTA.	¿Con quién?
COMENDADOR.	Conmigo.
JACINTA.	Míralo bien.

COMENDADOR.	Para tu mal lo he mirado.	
	Ya no mía, del bagaje	
	del ejército has de ser³³.	1270
JACINTA.	No tiene el mundo poder	
	para hacerme, viva, ultraje.	
COMENDADOR.	Ea, villana, camina.	
JACINTA.	¡Piedad, señor!	
COMENDADOR.	No hay piedad.	
JACINTA.	Apelo de tu crueldad	1275
	a la justicia divina.	

(Llévanla y vanse, y salen LAURENCIA y FRONDOSO.)

LAURENCIA.	¿Cómo así a venir te atreves,	
	sin temer tu daño?	
FRONDOSO.	Ha sido	
	dar testimonio cumplido	
	de la afición que me debes.	1280
	Desde aquel recuesto vi	
	salir al comendador,	
	y, fiado en tu valor,	
	todo mi temor perdí.	
	¡Vaya donde no le vean	1285
	volver!	
LAURENCIA.	Tente en maldecir,	
	porque suele más vivir	
	al que la muerte desean.	
FRONDOSO.	Si es eso, viva mil años,	

---

³³ *del bagaje del ejército has de ser:* la entregará como parte del equipaje, «bagaje» del ejército, para que gocen de ella.

	y así se hará todo bien,	1290
	pues, deseándole bien,
	estarán ciertos sus daños.
	Laurencia, deseo saber
	si vive en ti mi cuidado,
	y si mi lealtad ha hallado	1295
	el puerto de merecer.
	Mira que toda la villa
	ya para uno nos tiene;
	y de cómo a ser no viene,
	la villa se maravilla.	1300
	Los desdeñosos extremos
	deja, y responde no o sí.
LAURENCIA.	Pues a la villa y a ti
	respondo que lo seremos.
FRONDOSO.	Deja que tus plantas bese	1305
	por la merced recebida,
	pues el cobrar nueva vida
	por ella es bien que confiese.
LAURENCIA.	De cumplimientos acorta,
	y, para que mejor cuadre,	1310
	habla, Frondoso, a mi padre,
	pues es lo que más importa,
	que allí viene con mi tío;
	y fía que ha de tener
	ser, Frondoso, tu mujer,	1315
	buen suceso.
FRONDOSO.	¡En Dios confío!

(Escóndese LAURENCIA.*)*
(Salen ESTEBAN, *alcalde, y el* REGIDOR.*)*

ALCALDE.	Fue su término de modo
	que la plaza alborotó.
	En efeto, procedió
	muy descomedido en todo.
	No hay a quien admiración
	sus demasías no den.
	La pobre Jacinta es quien
	pierde por su sinrazón.
REGIDOR.	Ya a los Católicos Reyes,
	que este nombre les dan ya[34],
	presto España les dará
	la obediencia de sus leyes.
	Ya sobre Ciudad Real,
	contra el Girón que la tiene,
	Santiago[35] a caballo viene
	por capitán general.
	Pésame, que era Jacinta
	doncella de buena pro[36].
ALCALDE.	¿Luego a Mengo le azotó?
REGIDOR.	No hay negra balleta o tinta
	como sus carnes están.
ALCALDE.	Callad, que me siento arder,

1320

1325

1330

1335

---

[34] A pesar de esta afirmación, en la época en que se sitúa la rebelión de Fuente Ovejuna —1476—, Isabel y Fernando aún no habían recibido el sobrenombre de *Católicos,* que se haría por una bula papal en 1494.

[35] Con *Santiago* hace referencia, por un lado, al maestre de esa orden, es decir, a don Rodrigo Manrique, a quienes los reyes habían encargado la reconquista de Ciudad Real; y, por otro, al patrón de España, que la leyenda presentaba sobre un caballo blanco.

[36] *de buena pro:* de buenas cualidades.

	viendo su mal proceder,	
	y el mal nombre que le dan.	1340
	Yo ¿para qué traigo aquí	
	este palo[37] sin provecho?	

REGIDOR. Si sus criados lo han hecho,
¿de qué os afligís ansí?

ALCALDE. ¿Queréis más que me contaron 1345
que a la de Pedro Redondo
un día, que en lo más hondo
deste valle la encontraron,
después de sus insolencias,
a sus criados la dio? 1350

REGIDOR. Aquí hay gente. ¿Quién es?

FRONDOSO.   Yo,
que espero vuestras licencias.

REGIDOR. Para mi casa, Frondoso,
licencia no es menester;
debes a tu padre el ser, 1355
y a mí otro ser amoroso.
Hete criado, y te quiero
como a hijo.

FRONDOSO.   Pues, señor,
fiado en aquese amor,
de ti una merced espero. 1360
Ya sabes de quién soy hijo.

ESTEBAN. ¿Hate agraviado ese loco
de Fernán Gómez?

FRONDOSO.   No poco.

ESTEBAN. El corazón me lo dijo.

---

[37] *este palo:* se refiere a la vara que llevaban
los alcaldes, símbolo de su autoridad.

FRONDOSO.	Pues, señor, con el seguro	1365
	del amor que habéis mostrado,	
	de Laurencia enamorado,	
	el ser su esposo procuro.	
	Perdona si en el pedir	
	mi lengua se ha adelantado,	1370
	que he sido en decirlo osado,	
	como otro lo ha de decir.	
ESTEBAN.	Vienes, Frondoso, a ocasión	
	que me alargarás la vida,	
	por la cosa más temida	1375
	que siente mi corazón.	
	Agradezco, hijo, al cielo	
	que así vuelvas por mi honor,	
	y agradézcole a tu amor	
	la limpieza de tu celo.	1380
	Mas, como es justo, es razón	
	dar cuenta a tu padre desto;	
	solo digo que estoy presto,	
	en sabiendo su intención;	
	que yo dichoso me hallo	1385
	en que aqueso llegue a ser.	
REGIDOR 1.º	De la moza el parecer	
	tomad, antes de aceptarlo.	
ALCALDE.	No tengáis deso cuidado,	
	que ya el caso está dispuesto:	1390
	antes de venir a esto,	
	entre ellos se ha concertado.	
	En el dote, si advertís[38],	
	se puede agora tratar,	

---

[38] *si advertís*: «si os interesa».

	que por bien os pienso dar	1395
	algunos maravedís.	
FRONDOSO.	Yo dote no he menester;	
	deso no hay que entristeceros.	
REGIDOR.	Pues que no la pide en cueros	
	lo podéis agradecer³⁹.	1400
ESTEBAN.	Tomaré el parecer della,	
	si os parece será bien.	
FRONDOSO.	Justo es, que no hace bien	
	quien los gustos atropella.	
ESTEBAN.	¡Hija! ¡Laurencia!	
LAURENCIA.	Señor.	1405
ESTEBAN.	Mirad si digo bien yo.	
	¡Ved qué presto respondió!	
	Hija, Laurencia, mi amor,	
	a preguntarte ha venido...	
	(apártate aquí)... si es bien	1410
	que a Gila, tu amiga, den	
	a Frondoso por marido,	
	que es un honrado zagal,	
	si le hay en Fuente Ovejuna.	
LAURENCIA.	¿Gila se casa?	
ESTEBAN.	Y si alguna	1415
	le merece y es su igual...	
LAURENCIA.	Yo digo, señor, que sí.	
ESTEBAN.	Sí; mas yo digo que es fea	
	y que harto mejor se emplea	
	Frondoso, Laurencia, en ti.	1420

---

³⁹ *Pues que no la pide... agradecer:* el regidor felicita a Esteban porque Frondoso recha-ce la dote y se burla de que incluso podría haber pedido a la moza desnuda.

LAURENCIA.	¿Aún no se te han olvidado
	los donaires con la edad?
ESTEBAN.	¿Quiéresle tú?
LAURENCIA.	Voluntad
	le he tenido y le he cobrado,
	pero por lo que tú sabes.	1425
ESTEBAN.	¿Quieres tú que diga sí?
LAURENCIA.	Dilo tú, señor, por mí.
ESTEBAN.	¿Yo? ¿Pues tengo yo las llaves?
	Hecho está. Ven, buscaremos
	a mi compadre en la plaza.	1430
REGIDOR.	Vamos.
ESTEBAN.	Hijo, y en la traza
	del dote, ¿qué le diremos?
	Que yo bien te puedo dar
	cuatro mil maravedís.
FRONDOSO.	Señor, ¿eso me decís?	1435
	¡Mi honor queréis agraviar!
ESTEBAN.	Anda, hijo, que eso es
	cosa que pasa en un día;
	que si no hay dote, a fe mía,
	que se echa menos después.	1440

(Vanse, y quedan FRONDOSO *y* LAURENCIA.)

LAURENCIA.	Di, Frondoso, ¿estás contento?
FRONDOSO.	¡Cómo si lo estoy! ¡Es poco,
	pues que no me vuelvo loco
	de gozo, del bien que siento!
	Risa vierte el corazón	1445
	por los ojos de alegría,
	viéndote, Laurencia mía,
	en tan dulce posesión.

(Vanse.)
(Salen el MAESTRE, *el* COMENDADOR, FLORES *y* ORTUÑO[40].*)*

COMENDADOR.	Huye, señor, que no hay otro remedio.	
MAESTRE.	La flaqueza del muro lo ha causado,	1450
	y el poderoso ejército enemigo.	
COMENDADOR.	Sangre les cuesta y infinitas vidas.	
MAESTRE.	Y no se alabarán que en sus despojos[41]	
	pondrán nuestro pendón de Calatrava,	
	que a honrar su empresa y los demás	
	[bastaba.	1455
COMENDADOR.	Tus designios, Girón, quedan perdidos.	
MAESTRE.	¿Qué puedo hacer, si la fortuna ciega	
	a quien hoy levantó, mañana humilla?	
Dentro.	¡Vitoria por los reyes de Castilla!	
MAESTRE.	Ya coronan de luces las almenas,	1460
	y las ventanas de las torres altas	
	entoldan con pendones victoriosos.	
COMENDADOR.	Bien pudieran de sangre que les cuesta.	
	A fe, que es más tragedia que no fiesta.	
MAESTRE.	Yo vuelvo a Calatrava, Fernán Gómez.	1465
COMENDADOR.	Y yo a Fuente Ovejuna, mientras tratas	
	o seguir esta parte de tus deudos,	
	o reducir la tuya al Rey Católico[42].	
MAESTRE.	Yo te diré por cartas lo que intento.	
COMENDADOR.	El tiempo ha de enseñarte.	

---

[40] Se supone que la escena se sitúa en algún campo cerca de Ciudad Real.

[41] *despojo:* el botín del vencedor.

[42] *mientras tratas... Rey Católico:* mientras decides si sigues en el bando de tu familia, *esta parte de tus deudos,* o te sometes, *reducir la tuya,* a los reyes.

MAESTRE.   ¡Ah, pocos años,   1470
       sujetos al rigor de sus engaños!

[Casa de Esteban.]
(Sale la boda, MÚSICOS, MENGO, FRONDOSO, LAURENCIA,
PASCUALA, BARRILDO, ESTEBAN, ALCALDE *y* JUAN ROJO.*)*

MÚSICOS.   *¡Vivan muchos años*
       los desposados!
       ¡Vivan muchos años!
MENGO.   A fe, que no os ha costado   1475
       mucho trabajo el cantar.
BARRILDO.   ¿Supiéraslo tú trovar
       mejor que él está trovado?
FRONDOSO.   Mejor entiende de azotes,
       Mengo, que de versos ya.   1480
MENGO.   Alguno en el valle está,
       para que no te alborotes,
       a quien el comendador…
BARRILDO.   No lo digas, por tu vida,
       que este bárbaro homicida   1485
       a todos quita el honor.
MENGO.   Que me azotasen a mí
       cien soldados aquel día…
       Sola una honda tenía;
       harto desdichado fui.   1490
       Pero que le hayan echado
       una melecina[43] a un hombre,

---

[43] *melecina:* lavativa, enema. Aquí utilizada no en su uso medicinal, sino como cruel castigo, ya que a través de ella se le han introducido piedrecillas y tinta.

	que, aunque no diré su nombre,	
	todos saben que es honrado,	
	llena de tinta y de chinas,	1495
	¿cómo se puede sufrir?	
BARRILDO.	Haríalo por reír.	
MENGO.	No hay risas con melecinas,	
	que aunque es cosa saludable…	
	yo me quiero morir luego.	1500
FRONDOSO.	Vaya la copla te ruego,	
	si es la copla razonable.	
MENGO.	*¡Vivan muchos años juntos*	
	los novios, ruego a los cielos,	
	y por envidias ni celos	1505
	ni riñan ni anden en puntos!	
	Lleven a entrambos difuntos,	
	de puro vivir cansados.	
	¡Vivan muchos años!	
FRONDOSO.	¡Maldiga el cielo el poeta	1510
	que tal coplón arrojó!	
BARRILDO.	Fue muy presto…	
MENGO.	Pienso yo	
	una cosa desta secta.	
	¿No habéis visto un buñolero,	
	en el aceite abrasando,	1515
	pedazos de masa echando,	
	hasta llenarse el caldero?	
	Que unos le salen hinchados,	
	otros tuertos y mal hechos,	
	ya zurdos y ya derechos,	1520
	ya fritos y ya quemados.	
	Pues así imagino yo	
	un poeta componiendo,	

	la materia previniendo,	
	que es quien la masa le dio.	1525
	Va arrojando verso aprisa	
	al caldero del papel,	
	confiado en que la miel	
	cubrirá la burla y risa.	
	Mas poniéndolo en el pecho,	1530
	apenas hay quien los tome;	
	tanto que solo los come	
	el mismo que los ha hecho.	
BARRILDO.	Déjate ya de locuras;	
	deja los novios hablar.	1535
LAURENCIA.	Las manos nos da a besar[44].	
JUAN ROJO.	Hija, ¿mi mano procura?	
	Pídela a tu padre luego	
	para ti y para Frondoso.	
ESTEBAN.	Rojo, a ella y a su esposo	1540
	que se la dé el cielo ruego,	
	con su larga bendición.	
FRONDOSO.	Los dos a los dos la echad.	
JUAN ROJO.	¡Ea, tañed y cantad,	
	pues que para en uno son[45]!	1545
MÚSICOS.	*Al val de Fuente Ovejuna*	
	la niña en cabello baja[46];	
	el caballero la sigue	

---

44 Es decir, danos a besar las manos. Es una fórmula para pedir la bendición paterna antes del casamiento

45 *para en uno son:* «están casados».

46 *val:* valle; *en cabello:* con el cabello sin cubrir, como solían ir las mozas hasta que se casaban.

de la Cruz de Calatrava.
Entre las ramas se esconde, 1550
de vergonzosa y turbada;
fingiendo que no le ha visto,
pone delante las ramas.
—¿Para qué te escondes,
niña gallarda? 1555
Que mis linces deseos[47]
paredes pasan.
Acercose el caballero,
y ella, confusa y turbada,
hacer quiso celosías 1560
de las intrincadas ramas;
mas como quien tiene amor
los mares y las montañas
atraviesa fácilmente,
la dice tales palabras: 1565
—¿Para qué te escondes,
niña gallarda?
Que mis linces deseos
paredes pasan.

(Salen el COMENDADOR, FLORES, ORTUÑO
y CIMBRANOS.)

COMENDADOR.   Estese la boda queda[48], 1570
y no se alborote nadie.

---

[47] *linces deseos:* la metáfora alude a lo pene-
trante de sus deseos, capaces, como la vista
del lince, de atravesarlo todo.
[48] *queda:* quieta; esto es, «interrúmpase la boda».

JUAN.	No es juego aqueste, señor,
	y basta que tú lo mandes.
	¿Quieres lugar? ¿Cómo vienes
	con tu belicoso alarde⁴⁹?
	¿Venciste? Mas ¿qué pregunto?
FRONDOSO.	¡Muerto soy! ¡Cielos, libradme!
LAURENCIA.	Huye por aquí, Frondoso.
COMENDADOR.	Eso, no; ¡prendedle, atadle!
JUAN.	Date, muchacho, a prisión.
FRONDOSO.	Pues ¿quieres tú que me maten?
JUAN.	¿Por qué?
COMENDADOR.	No soy hombre yo
	que mato sin culpa a nadie,
	que si lo fuera, le hubieran
	pasado de parte a parte
	esos soldados que traigo.
	Llevarle mando a la cárcel,
	donde la culpa que tiene
	sentencie su mismo padre.
PASCUALA.	Señor, mirad que se casa.
COMENDADOR.	¿Qué me obliga a que se case?
	¿No hay otra gente en el pueblo?
PASCUALA.	Si os ofendió, perdonadle,
	por ser vos quien sois.
COMENDADOR.	No es cosa,
	Pascuala, en que yo soy parte.
	Es esto contra el maestre
	Téllez Girón, que Dios guarde;

Line numbers: 1575, 1580, 1585, 1590, 1595

---

⁴⁹ *Quieres... alarde*: «¿Quieres un sitio donde sentarte? ¿Por qué vienes con acompañamiento de soldados?».

es contra toda su Orden[50],
es su honor, y es importante
para el ejemplo, el castigo;   1600
que habrá otro día quien trate
de alzar pendón contra él,
pues ya sabéis que una tarde
al comendador mayor,
¡qué vasallos tan leales!,   1605
puso una ballesta al pecho.

ESTEBAN. Supuesto que el disculparle
ya puede tocar a un suegro,
no es mucho que en causas tales
se descomponga con vos   1610
un hombre, en efecto, amante;
porque si vos pretendéis
su propia mujer quitarle,
¿qué mucho que la defienda?

COMENDADOR. Majadero sois, alcalde.   1615

ESTEBAN. Por vuestra virtud, señor.

COMENDADOR. Nunca yo quise quitarle
su mujer, pues no lo era.

ESTEBAN. ¡Sí quisistes…! Y esto baste,
que reyes hay en Castilla   1620
que nuevas órdenes hacen
con que desórdenes quitan.
Y harán mal, cuando descansen

---

[50] El comendador pretende justificar su venganza personal argumentando que la afrenta de Frondoso no le afecta solo a su honor, sino también al del maestre y a toda la Orden de Calatrava, por lo que necesita castigo ejemplar.

	de las guerras, en sufrir
	en sus villas y lugares	1625
	a hombres tan poderosos
	por traer cruces tan grandes;
	póngasela el rey al pecho,
	que para pechos reales
	es esa insignia, y no más.	1630
COMENDADOR.	¡Hola! ¡La vara quitadle!
ESTEBAN.	Tomad, señor, norabuena.
COMENDADOR.	*(Golpeando a Esteban con la vara.)*
	Pues con ella quiero darle[51],
	como a caballo brioso.
ESTEBAN.	Por señor os sufro. Dadme.	1635
PASCUALA.	¿A un viejo de palos das?
LAURENCIA.	Si le das porque es mi padre,
	¿qué vengas en él de mí?
COMENDADOR.	Llevadla, y haced que guarden
	su persona diez soldados.	1640

(Vanse él y los suyos.)

ESTEBAN.   ¡Justicia del cielo baje!

(Vase.)

PASCUALA.   ¡Volviose en luto la boda!

---

[51] Contrasta la actitud digna del alcalde con el gesto infame del comendador, que utiliza la vara de mando del anciano para golpearle con ella. El gesto supone la afrenta máxima al pueblo, en la figura de su mayor autoridad.

(Vase.)

BARRILDO.	¿No hay aquí un hombre que hable?
MENGO.	Yo tengo ya mis azotes,

que aún se ven los cardenales[52],   1645
sin que un hombre vaya a Roma.
Prueben otros a enojarle.

JUAN.   Hablemos todos.

MENGO.   Señores,
aquí todo el mundo calle.
Como ruedas de salmón   1650
me puso los atabales[53].

---

[52] Mengo juega humorísticamente con los dos sentidos de la palabra *cardenal*, para referirse a los hematomas que le han causado los azotes recibidos y a las dignidades eclesiásticas que eligen en Roma al papa.

[53] *atabales:* nalgas («me puso las nalgas coloradas como rodajas de salmón»).

ACTO TERCERO

[Sala del Consejo de Fuente Ovejuna.]
(Salen ESTEBAN, ALONSO *y* BARRILDO.*)*

ESTEBAN.	¿No han venido a la junta?
BARRILDO.	No han venido.
ESTEBAN.	Pues más apriesa nuestro daño corre.
BARRILDO.	Ya está lo más del pueblo prevenido[1].
ESTEBAN.	Frondoso con prisiones en la torre, 1655
	y mi hija Laurencia en tanto aprieto,
	si la piedad de Dios no lo socorre…

(Salen JUAN ROJO *y el* REGIDOR.*)*

JUAN.	¿De qué dais voces, cuando importa tanto
	a nuestro bien, Esteban, el secreto?
ESTEBAN.	Que doy tan pocas es mayor espanto. 1660

(Sale MENGO.*)*

---

[1] La introducción de esta escena en la que se junta todo el pueblo para decidir cómo actuar contribuye a la creación del pueblo como personaje colectivo.

MENGO.	También vengo yo a hallarme en esta junta.
ESTEBAN.	Un hombre cuyas canas baña el llanto,
	labradores honrados, os pregunta
	qué obsequias debe hacer toda esta gente
	a su patria sin honra, ya perdida². 1665
	Y si se llaman honras justamente,
	¿cómo se harán, si no hay entre nosotros
	hombre a quien este bárbaro no afrente?
	Respondedme: ¿hay alguno de vosotros
	que no esté lastimado en honra y vida? 1670
	¿No os lamentáis los unos de los otros?
	Pues si ya la tenéis todos perdida,
	¿a qué aguardáis? ¿Qué desventura es esta?
JUAN.	La mayor que en el mundo fue sufrida.
	Mas pues ya se publica y manifiesta 1675
	que en paz tienen los reyes a Castilla,
	y su venida a Córdoba se apresta,
	vayan dos regidores a la villa,
	y, echándose a sus pies, pidan remedio.
BARRILDO.	En tanto que Fernando, aquel que humilla 1680
	a tantos enemigos, otro medio
	será mejor, pues no podrá, ocupado,
	hacernos bien con tanta guerra en medio.
REGIDOR.	Si mi voto de vos fuera escuchado,
	desamparar³ la villa doy por voto. 1685
JUAN.	¿Cómo es posible en tiempo limitado?

---

² *Obsequias... perdida:* «qué tipo de honras
fúnebres, obsequias, deben hacerse a la villa,
que está muerta, pues ha perdido su honra».
Recordemos que en la España del Siglo de
Oro la deshonra equivalía a la muerte.

³ *desamparar:* abandonar.

MENGO.	A la fe, que si entiende el alboroto[4],
	que ha de costar la junta alguna vida.
REGIDOR.	Ya, todo el árbol[5] de paciencia roto,
	corre la nave de temor perdida. 1690
	La hija quitan con tan gran fiereza
	a un hombre honrado, de quien es regida
	la patria en que vivís, y en la cabeza
	la vara quiebran tan injustamente.
	¿Qué esclavo se trató con más bajeza? 1695
JUAN.	¿Qué es lo que quieres tú que el pueblo
	[intente?
REGIDOR.	Morir o dar muerte a los tiranos,
	pues somos muchos, y ellos poca gente.
BARRILDO.	¡Contra el señor las armas en las manos!
ESTEBAN.	El rey solo es señor después del cielo, 1700
	y no bárbaros hombres inhumanos.
	Si Dios ayuda nuestro justo celo,
	¿qué nos ha de costar?
MENGO.	Mirad, señores,
	que vais en estas cosas con recelo.
	Puesto que por los simples labradores 1705
	estoy aquí, que más injurias pasan,
	más cuerdo represento sus temores.
JUAN.	Si nuestras desventuras se compasan,
	para perder las vidas, ¿qué aguardamos?

---

[4] *entiende el alboroto:* «oye» (si el comendador se entera de los planes del pueblo, alguno acabará muerto).

[5] *arbol:* mástil de un navío; *nave de temor perdida:* la metáfora náutica identifica la fuerza con la que corre un barco descontrolado con la de un pueblo que, desesperado, ha perdido cualquier miedo y está a punto de rebelarse.

Las casas y las viñas nos abrasan; 1710
tiranos son. ¡A la venganza vamos!

(Sale LAURENCIA, *desmelenada⁶.)*

LAURENCIA.   Dejadme entrar, que bien puedo,
en consejo de los hombres;
que bien puede una mujer,
si no a dar voto, a dar voces. 1715
¿Conocéisme?

ESTEBAN.   ¡Santo cielo!
¿No es mi hija?

JUAN.   ¿No conoces
a Laurencia?

LAURENCIA.   Vengo tal
que mi diferencia os pone
en contingencia⁷ quién soy. 1720

ESTEBAN.   ¡Hija mía!

LAURENCIA.   No me nombres
tu hija.

ESTEBAN.   ¿Por qué, mis ojos,
por qué?

LAURENCIA.   ¡Por muchas razones!
Y sean las principales,
porque dejas que me roben 1725
tiranos sin que me vengues,

---

⁶ El que se presente a Laurencia *desmelenada*
significaba para el público de la época que
había sido violada.

⁷ *poner en contingencia:* poner en duda. Esto
es: «Vengo con un aspecto tan cambiado que
os hace dudar de quién soy».

traidores sin que me cobres.
Aún no era yo de Frondoso,
para que digas que tome,
como marido, venganza,   1730
que aquí por tu cuenta corre[8];
que en tanto que de las bodas
no haya llegado la noche,
del padre, y no del marido,
la obligación presupone;   1735
que en tanto que no me entregan
una joya, aunque la compre,
no ha de correr por mi cuenta
las guardas ni los ladrones.
Llevóme de vuestros ojos   1740
a su casa Fernán Gómez;
la oveja al lobo dejáis,
como cobardes pastores.
¡Qué dagas no vi en mi pecho!
¡Qué desatinos enormes,   1745
qué palabras, qué amenazas,
y qué delitos atroces,
por rendir mi castidad
a sus apetitos torpes!
Mis cabellos, ¿no lo dicen?   1750
¿No se ven aquí los golpes
de la sangre y las señales?
¿Vosotros sois hombres nobles?
¿Vosotros, padres y deudos?

---

[8] Como el matrimonio aún no se ha consumado, corresponde al padre y no al marido reparar el honor. Es lo que le recuerda Laurencia a su padre: *por tu cuenta corre.*

¿Vosotros, que no se os rompen   1755
las entrañas de dolor,
de verme en tantos dolores?
Ovejas sois, bien lo dice
de Fuente Ovejuna el nombre.
¡Dadme unas armas a mí,   1760
pues sois piedras, pues sois bronces,
pues sois jaspes, pues sois tigres...!
Tigres no, porque feroces
siguen quien roba sus hijos,
matando los cazadores   1765
antes que entren por el mar
y por sus ondas se arrojen.
Liebres cobardes nacisteis;
bárbaros sois, no españoles.
¡Gallinas! ¡Vuestras mujeres   1770
sufrís que otros hombres gocen!
¡Poneos ruecas en la cinta⁹!
¿Para qué os ceñís estoques?
¡Vive Dios, que he de trazar
que solas mujeres cobren   1775
la honra destos tiranos,
la sangre destos traidores!
¡Y que os han de tirar piedras,
hilanderas, maricones,
amujerados, cobardes!   1780

---

⁹ *ruecas:* instrumentos para hilar; *cintas:* cin-
turones. Laurencia reprocha a los hombres
que no hayan tenido valentía para parar las
ofensas del comendador, por lo que les propone que se ciñan ruecas en vez de espadas,
estoques.

¡Y que mañana os adornen
nuestras tocas y basquiñas,
solimanes y colores[10]!
A Frondoso quiere ya,
sin sentencia, sin pregones,   1785
colgar el comendador
del almena de una torre;
de todos hará lo mismo;
y yo me huelgo[11], medio hombres,
porque quede sin mujeres   1790
esta villa honrada, y torne
aquel siglo de amazonas,
eterno espanto del orbe.

ESTEBAN.   Yo, hija, no soy de aquellos
que permiten que los nombres   1795
con esos títulos viles.
Iré solo, si se pone
todo el mundo contra mí.

JUAN.   Y yo, por más que me asombre
la grandeza del contrario.   1800

REGIDOR.   Muramos todos.

BARRILDO.   Descoge
un lienzo al viento en un palo,
y mueran estos enormes[12].

JUAN.   ¿Qué orden pensáis tener?   1805

MENGO.   Ir a matarle sin orden.
Juntad el pueblo a una voz;

---

[10] *tocas, basquiñas, solimanes, colores:* velos,
faldas, cosméticos y pinturas.
[11] *me huelgo:* «me alegro».
[12] *Descoge... enormes:* «despliega una bandera
al viento y mueran estos degenerados».

	que todos están conformes en que los tiranos mueran.	
ESTEBAN.	Tomad espadas, lanzones, ballestas, chuzos y palos.	1810
MENGO.	¡Los reyes, nuestros señores, vivan!	
TODOS.	¡Vivan muchos años!	
MENGO.	¡Mueran tiranos traidores!	1815
TODOS.	¡Traidores tiranos mueran¹³!	

(Vanse todos.)

| LAURENCIA. | *[Laurencia dirigiéndose a las mujeres.]* Caminad, que el cielo os oye. ¡Ah…, mujeres de la villa! ¡Acudid, porque se cobre vuestro honor! ¡Acudid todas! | 1820 |

(Salen PASCUALA, JACINTA y otras mujeres.)

PASCUALA.	¿Qué es esto? ¿De qué das voces?	
LAURENCIA.	¿No veis cómo todos van a matar a Fernán Gómez, y hombres, mozos y muchachos furiosos, al hecho corren?	1825
	¿Será bien que solos ellos desta hazaña el honor gocen,	

¹³ *Vivan los reyes… Mueran los tiranos:* los gritos de la revuelta dejan a las claras que no se ataca el poder establecido, sino el mal uso del poder y la traición por parte del comendador.

pues no son de las mujeres
sus agravios los menores?

JACINTA. Di, pues, ¿qué es lo que pretendes? 1830

LAURENCIA. Que, puestas todas en orden,
acometamos un hecho
que dé espanto a todo el orbe.
Jacinta, tu grande agravio,
que sea cabo[14]; responde 1835
de una escuadra de mujeres.

JACINTA. ¡No son los tuyos menores!

LAURENCIA. Pascuala, alférez serás.

PASCUALA. Pues déjame que enarbole
en un asta la bandera; 1840
verás si merezco el nombre.

LAURENCIA. No hay espacio para eso,
pues la dicha nos socorre;
bien nos basta que llevemos
nuestras tocas por pendones. 1845

PASCUALA. Nombremos un capitán.

LAURENCIA. Eso no.

PASCUALA.   ¿Por qué?

LAURENCIA.   Que adonde
asiste mi gran valor,
no hay Cides ni Rodamontes[15].

---

[14] *cabo:* jefe de una escuadra de soldados. El agravio sufrido por Jacinta requiere que sea ella la que mande en esa escuadra de mujeres.

[15] *Cides ni Rodamontes:* Laurencia se compara en valentía con estos dos personajes literarios: el Cid, prototipo de héroe medieval, y Rodamontes, feroz guerrero del poema épico *Orlando furioso,* de Ariosto.

(Vanse.)

[Sala en la Casa de la Encomienda.]
(Sale FRONDOSO, *atadas las manos;* FLORES, ORTUÑO,
CIMBRANOS *y el* COMENDADOR.)

COMENDADOR.	De ese cordel que de las manos sobra, 1850
	quiero que le colguéis, por mayor pena.
FRONDOSO.	¡Qué nombre, gran señor, tu sangre cobra!
COMENDADOR.	Colgadle luego en la primera almena.
FRONDOSO.	Nunca fue mi intención poner por obra
	tu muerte entonces.
FLORES.	Grande ruido suena.

(Ruido suene.)

COMENDADOR.	¿Ruido?
FLORES.	Y de manera que interrompen
	tu justicia, señor.
ORTUÑO.	¡Las puertas rompen! 1855

(Ruido.)

COMENDADOR.	¡La puerta de mi casa, y siendo casa
	de la Encomienda!
FLORES.	¡El pueblo junto viene!
JUAN.	*(Dentro.)*
	¡Rompe, derriba, hunde, quema, abrasa!
ORTUÑO.	Un popular motín mal se detiene.
COMENDADOR.	¿El pueblo contra mí?
FLORES.	La furia pasa 1860
	tan adelante que las puertas tiene

echadas por la tierra.

COMENDADOR. Desatadle.
Templa, Frondoso, ese villano alcalde.

FRONDOSO. Yo voy, señor, que amor[16] les ha movido.

(Vase.)

MENGO. *(Dentro.)*
¡Vivan Fernando y Isabel, y mueran   1865
los traidores!

FLORES. Señor, por Dios te pido
que no te hallen aquí.

COMENDADOR. Si perseveran,
este aposento es fuerte y defendido.
Ellos se volverán.

FLORES. Cuando se alteran
los pueblos agraviados, y resuelven,   1870
nunca sin sangre o sin venganza vuelven.

COMENDADOR. En esta puerta, así como rastrillo,
su furor con las armas defendamos.

FRONDOSO. *(Dentro.)*
¡Viva Fuente Ovejuna!

COMENDADOR. ¡Qué caudillo!
Estoy porque a su furia acometamos.   1875

FLORES. De la tuya, señor, me maravillo.

ESTEBAN. Ya el tirano y los cómplices miramos.
¡Fuente Ovejuna, y los tiranos mueran!

---

[16] Aquí se entiende *amor* como sentimiento de solidaridad entre los habitantes de Fuente Ovejuna.

Salen todos.

COMENDADOR.	¡Pueblo, esperad!
TODOS.	¡Agravios nunca esperan!
COMENDADOR.	Decídmelos a mí, que iré pagando, 1880
	a fe de caballero, esos errores.
TODOS.	¡Fuente Ovejuna! ¡Viva el rey Fernando!
	¡Mueran malos cristianos y traidores!
COMENDADOR.	¿No me queréis oír? Yo estoy hablando;
	¡yo soy vuestro señor!
TODOS.	¡Nuestros señores 1885
	son los Reyes Católicos!
COMENDADOR.	¡Espera!
TODOS.	¡Fuente Ovejuna, y Fernán Gómez muera!

[El COMENDADOR *y los suyos huyen, perseguidos por los
hombres de Fuente Ovejuna.]*
(Vanse y salen las mujeres armadas.)

LAURENCIA.	Parad en este puesto de esperanzas,
	soldados atrevidos, no mujeres.
PASCUALA.	¡Lo que mujeres son en las venganzas! 1890
	¡En él beban su sangre! ¿Es bien que
	[esperes[17]?
JACINTA.	¡Su cuerpo recojamos en las lanzas!
PASCUALA.	Todas son de esos mismos pareceres
ESTEBAN.	*(Dentro.)*
	¡Muere, traidor comendador!

---

[17] *En otras ediciones:* «En él beban su sangre
es bien que esperes». Parece querer decir
que de las mujeres se espera que beban su
sangre en culminación de su venganza.

COMENDADOR.	Ya muero.
	¡Piedad, Señor, que en tu clemencia
	[espero! 1895
BARRILDO.	*(Dentro.)*
	Aquí está Flores.
MENGO.	¡Dale a ese bellaco,
	que ese fue el que me dio dos mil azotes!
FRONDOSO.	*(Dentro.)*
	No me vengo, si el alma no le saco.
LAURENCIA.	No excusamos entrar.
PASCUALA.	No te alborotes.
	Bien es guardar la puerta.
BARRILDO.	*(Dentro.)*
	No me aplaco. 1900
	¡Con lágrimas agora, marquesotes[18]!
LAURENCIA.	Pascuala, yo entro dentro, que la espada
	no ha de estar tan sujeta ni envainada.

(Vase.)

BARRILDO.	*(Dentro.)*
	Aquí está Ortuño.
FRONDOSO.	*(Dentro.)*
	Córtale la cara.

(Sale FLORES *huyendo, y* MENGO *tras él.)*

FLORES.	¡Mengo, piedad, que no soy yo el
	[culpado! 1905
MENGO.	Cuando ser alcahuete no bastara,

---

[18] *Marquesotes:* aumentativo con carácter despectivo.

	bastaba haberme el pícaro azotado.
PASCUALA.	¡Dánoslo a las mujeres, Mengo! ¡Para, acaba por tu vida!
MENGO.	Ya está dado, que no le quiero yo mayor castigo. 1910
PASCUALA.	Vengaré tus azotes.
MENGO.	Eso digo.
JACINTA.	¡Ea, muera el traidor!
FLORES.	¿Entre mujeres?
JACINTA.	¿No le viene muy ancho?
PASCUALA.	¿Aqueso lloras?
JACINTA.	¡Muere, concertador de sus placeres!
PASCUALA.	¡Ea, muera el traidor!
FLORES.	¡Piedad, señoras! 1915

(Sale ORTUÑO, *huyendo de* LAURENCIA.*)*

ORTUÑO.	Mira que no soy yo…
LAURENCIA.	¡Ya sé quién eres! ¡Entrad, teñid las armas vencedoras en estos viles!
PASCUALA.	¡Moriré matando!
TODAS.	¡Fuente Ovejuna, y viva el rey Fernando!

[Sala del palacio de los Reyes Católicos.]
(Vanse y salen el REY FERNANDO *y la* REINA DOÑA ISABEL, *y* DON MANRIQUE, *maestre.)*

MANRIQUE.	De modo la prevención 1920 fue, que el efeto esperado llegamos a ver logrado,

con poca contradición[19].
Hubo poca resistencia;
y supuesto que la hubiera,   1925
sin duda ninguna fuera
de poca o ninguna esencia.
Queda el de Cabra[20]ocupado
en conservación del puesto,
por si volviere dispuesto   1930
a él el contrario osado.

REY.   Discreto el acuerdo[21] fue,
y que asista es conveniente,
y reformando la gente,
el paso tomado esté.   1935
Que con eso se asegura
no podernos hacer mal
Alfonso, que en Portugal
tomar la fuerza procura.
Y el de Cabra es bien que esté   1940
en ese sitio asistente,
y como tan diligente,
muestras de su valor dé,
porque con esto asegura

---

[19] *De modo... contradición:* «Preparamos la conquista de Ciudad Real —el efecto esperado— tan bien que se consiguió fácilmente».

[20] *el de Cabra:* se refiere a Diego Fernández de Córdoba, duque de Cabra, quien permanecerá en la villa para defenderla.

[21] La importancia estratégica de Ciudad Real, como paso entre Castilla y Andalucía, era conocida por el rey, que considera acertada la decisión de dejar un reducido grupo de soldados —«reformando la gente»— para defenderla.

	el daño que nos recela,	1945
	y como fiel centinela	
	el bien del reino procura.	

(Sale FLORES *herido.)*

FLORES. Católico rey Fernando,
a quien el cielo concede
la corona de Castilla 1950
como a varón excelente:
oye la mayor crueldad
que se ha visto entre las gentes,
desde donde nace el sol
hasta donde se oscurece. 1955
REY. Repórtate.
FLORES.   Rey supremo,
mis heridas no consienten
dilatar el triste caso,
por ser mi vida tan breve.
De Fuente Ovejuna vengo, 1960
donde, con pecho inclemente,
los vecinos de la villa
a su señor dieron muerte.
Muerto Fernán Gómez queda
por sus súbditos aleves[22], 1965
que vasallos indignados
con leve causa se atreven.
Con título de tirano,
que le acumula la plebe,

---

[22] *aleves:* traidores, los que se levantan contra
sus señores.

a la fuerza de esta voz   1970
el hecho fiero acometen;
y quebrantando su casa,
no atendiendo a que se ofrece
por la fe de caballero
a que pagará a quien debe,   1975
no solo no le escucharon,
pero con furia impaciente
rompen el cruzado pecho
con mil heridas crueles;
y por las altas ventanas   1980
le hacen que al suelo vuele,
adonde en picas y espadas
le recogen las mujeres.
Llévanle a una casa muerto,
y a porfía, quien más puede,   1985
mesa su barba y cabello,
y apriesa su rostro hieren.
En efeto fue la furia
tan grande que en ellos crece,
que las mayores tajadas   1990
las orejas a ser vienen[23].
Sus armas borran con picas
y a voces dicen que quieren
tus reales armas fijar,
porque aquellas les ofenden.   1995
Saqueáronle la casa,

---

[23] La descripción del ensañamiento con que el
pueblo se ha vengado del comendador culmina con esta hipérbole: lo han despedaza-
do de tal forma que los mayores trozos son
las orejas.

cual si de enemigos fuese,
y gozosos entre todos
han repartido sus bienes.
Lo dicho he visto escondido,　　　　2000
porque mi infelice suerte
en tal trance no permite
que mi vida se perdiese;
y así estuve todo el día
hasta que la noche viene,　　　　2005
y salir pude escondido
para que cuenta te diese.
Haz, señor, pues eres justo,
que la justa pena lleven
de tan riguroso caso　　　　2010
los bárbaros delincuentes.
Mira que su sangre a voces
pide que tu rigor prueben.

REY.　　Estar puedes confiado
que sin castigo no queden.　　　　2015
El triste suceso ha sido
tal que admirado me tiene,
y que vaya luego un juez
que lo averigüe conviene,
y castigue los culpados　　　　2020
para ejemplo de las gentes.
Vaya un capitán con él,
porque seguridad lleve,
que tan grande atrevimiento
castigo ejemplar requiere.　　　　2025
Y curad a ese soldado
de las heridas que tiene.

[*Plaza de Fuente Ovejuna.*]
(*Vanse, y salen los labradores y labradoras con la cabeza de
Fernán Gómez en una lanza.*)

MÚSICOS.	*¡Muchos años vivan*	
	Isabel y Fernando,	
	y mueran los tiranos!	2030
BARRILDO.	Diga su copla Frondoso.	
FRONDOSO.	Ya va mi copla, a la fe;	
	si le faltare algún pie²⁴	
	enmiéndelo el más curioso.	
	¡Vivan la bella Isabel	2035
	y Fernando de Aragón,	
	pues que para en uno son,	
	él con ella, ella con él!	
	A los cielos san Miguel	
	lleve a los dos de las manos.	2040
	¡Vivan muchos años,	
	y mueran los tiranos!	
LAURENCIA.	Diga Barrildo.	
BARRILDO.	Ya va,	
	que a fe que la he pensado.	
PASCUALA.	Si la dices con cuidado,	2045
	buena, y rebuena será.	
BARRILDO.	*¡Vivan los reyes famosos*	
	muchos años, pues que tienen	
	la vitoria, y a ser vienen	
	nuestros dueños venturosos!	2050
	¡Salgan siempre victoriosos	
	de gigantes y de enanos,	

---

²⁴ *pie:* sílaba o parte de un verso.

	y mueran los tiranos!	
MÚSICOS.	*¡Muchos años vivan*	
	Isabel y Fernando,	2055
	y mueran los tiranos!	
LAURENCIA.	Diga Mengo.	
FRONDOSO.	Mengo diga.	
MENGO.	Yo soy poeta donado[25].	
PASCUALA.	Mejor dirás lastimado	
	el envés de la barriga[26].	2060
MENGO.	*Una mañana en domingo*	
	me mandó azotar aquel,	
	de manera que el rabel[27]	
	daba espantoso respingo;	
	pero agora que los pringo[28],	2065
	¡vivan los Reyes Cristiánigos,	
	y mueran los tiránigos![29]	
MÚSICOS.	*¡Vivan muchos años!*	
ESTEBAN.	Quita la cabeza allá.	
MENGO.	Cara tiene de ahorcado.	2070

(Saca un escudo JUAN ROJO *con las armas reales.)*

---

[25] *donado:* no profesional, aficionado.
[26] *envés de la barriga:* nalgas. Pascuala opina que más que «poeta aficionado» debería considerarse «poeta lastimado en las nalgas».
[27] *rabel:* trasero.
[28] *agora que los pringo:* «ahora que se da cataplasmas» (en las nalgas para calmar el dolor).
[29] *Cristiánigos, tiránigos:* la deformación de estas palabras, parodiando el estilo culto, busca provocar la risa.

REGIDOR.	Ya las armas han llegado.
ESTEBAN.	Mostrá las armas acá.
JUAN.	¿Adónde se han de poner?
REGIDOR.	Aquí, en el Ayuntamiento.
ESTEBAN.	¡Bravo escudo!
BARRILDO.	¡Qué contento! 2075
FRONDOSO.	Ya comienza a amanecer,
	con este sol, nuestro día.
ESTEBAN.	¡Vivan Castilla y León,
	y las barras de Aragón,
	y muera la tiranía! 2080
	Advertid, Fuente Ovejuna,
	a las palabras de un viejo,
	que el admitir su consejo
	no ha dañado vez ninguna.
	Los reyes han de querer 2085
	averiguar este caso,
	y más tan cerca del paso
	y jornada que han de hacer.
	Concertaos todos a una
	en lo que habéis de decir. 2090
FRONDOSO.	¿Qué es tu consejo?
ESTEBAN.	Morir
	diciendo: «¡Fuente Ovejuna!».
	Y a nadie saquen de aquí.
FRONDOSO.	Es el camino derecho:
	¡Fuente Ovejuna lo ha hecho! 2095
ESTEBAN.	¿Queréis responder así?
TODOS.	¡Sí!
ESTEBAN.	Ahora, pues, yo quiero ser
	agora el pesquisidor,
	para ensayarnos mejor

	en lo que habemos de hacer.	2100
	Sea Mengo el que esté puesto	
	en el tormento.	
MENGO.	¿No hallaste	
	otro más flaco?	
ESTEBAN.	¿Pensaste	
	que era de veras?	
MENGO.	Di presto.	
ESTEBAN.	¿Quién mató al comendador?	2105
MENGO.	¡Fuente Ovejuna lo hizo!	
ESTEBAN.	Perro, ¿si te martirizo?	
MENGO.	Aunque me matéis, señor.	
ESTEBAN.	Confiesa, ladrón.	
MENGO.	¡Confieso!	
ESTEBAN.	Pues, ¿quién fue?	
MENGO.	¡Fuente Ovejuna!	2110
ESTEBAN.	Dadle otra vuelta.	
MENGO.	Es ninguna.	
ESTEBAN.	¡Cagajón[30] para el proceso!	

(Sale el REGIDOR.)

REGIDOR.	¿Qué hacéis desta suerte aquí?	
FRONDOSO.	¿Qué ha sucedido, Cuadrado?	
REGIDOR.	Pesquisidor ha llegado.	2115
ESTEBAN.	Echa todos por ahí.	
REGIDOR.	Con él viene un capitán.	
ESTEBAN.	¡Venga el diablo! Ya sabéis	

---

[30] *Cagajón:* porción de excremento de las caballerías. Frase exclamativa con el sentido de
«¡Mierda para el proceso criminal!».

	lo que responder tenéis.	
REGIDOR.	El pueblo prendiendo van,	2120
	sin dejar alma ninguna.	
ESTEBAN.	Que no hay que tener temor.	
	¿Quién mató al comendador,	
	Mengo?	
MENGO.	¿Quién? ¡Fuente Ovejuna!	

[Sala del palacio del maestre de Calatrava.]
(Vanse y salen el MAESTRE *y un* SOLDADO.*)*

MAESTRE.	¡Que tal caso ha sucedido!	2125
	Infelice fue su suerte.	
	Estoy por darte la muerte	
	por la nueva que has traído.	
SOLDADO.	Yo, señor, soy mensajero,	
	y enojarte no es mi intento.	2130
MAESTRE.	¡Que a tal tuvo atrevimiento	
	un pueblo enojado y fiero!	
	Iré con quinientos hombres,	
	y la villa he de asolar;	
	en ella no ha de quedar	2135
	ni aun memoria de los nombres.	
SOLDADO.	Señor, tu enojo reporta,	
	porque ellos al rey se han dado[31],	
	y no tener enojado	
	al rey es lo que te importa.	2140
MAESTRE.	¿Cómo al rey se pueden dar	
	si de la encomienda son?	
SOLDADO.	Con él sobre esa razón	

---

[31] «Se han declarado súbditos del rey».

	podrás luego pleitear.	
MAESTRE.	Por pleito ¿cuándo salió	2145
	lo que él le entregó en sus manos?	
	Son señores soberanos,	
	y tal reconozco yo.	
	Por saber que al rey se han dado,	
	se reportará mi enojo,	2150
	y ver su presencia escojo	
	por lo más bien acertado,	
	que puesto que tenga culpa	
	en casos de gravedad,	
	en todo mi poca edad	2155
	viene a ser quien me disculpa[32].	
	Con vergüenza voy, mas es	
	honor quien puede obligarme,	
	y importa no descuidarme	
	en tan honrado interés.	2160

(Vanse.)

[Plaza de Fuente Ovejuna.]
(Sale LAURENCIA *sola.)*

LAURENCIA.   Amando, recelar daño en lo amado[33],
nueva pena de amor se considera,
que quien en lo que ama daño espera,

---

32 Se repiten en diversos momentos las alusiones a la juventud del maestre para disculparlo y salvaguardar su figura. Este era un antepasado del duque de Osuna, protector de Lope.

33 *recelar daño en lo amado:* temer que el ser amado sufra daño.

aumentan el temor nuevo cuidado.
El firme pensamiento desvelado,   2165
si le aflige el temor, fácil se altera,
que no es, a firme fe, pena ligera
ver llevar el temor el bien robado.
Mi esposo adoro; la ocasión que veo
al temor de su daño me condena,   2170
si no le ayuda la felice suerte.
Al bien suyo se inclina mi deseo;
si está presente, está cierta mi pena;
si está en ausencia, está cierta mi muerte.

(Sale FRONDOSO.*)*

FRONDOSO.	¡Mi Laurencia!	
LAURENCIA.	¡Esposo amado!	2175
	¿Cómo estar aquí te atreves?	
FRONDOSO.	¿Esas resistencias debes	
	a mi amoroso cuidado?	
LAURENCIA.	Mi bien, procura guardarte,	
	porque tu daño recelo.	2180
FRONDOSO.	No quiera, Laurencia, el cielo	
	que tal llegue a disgustarte.	
LAURENCIA.	¿No temes ver el rigor	
	que por los demás sucede,	
	y el furor con que procede	2185
	aqueste pesquisidor?	
	Procura guardar la vida.	
	Huye, tu daño no esperes.	
FRONDOSO.	¿Cómo? ¿Que procure quieres	
	cosa tan mal recibida?	2190
	¿Es bien que los demás deje	

en el peligro presente,
y de tu vista me ausente?
No me mandes que me aleje;
porque no es puesto en razón   2195
que, por evitar mi daño,
sea con mi sangre extraño
en tan terrible ocasión.

(Voces dentro.)

Voces parece que he oído,
y son, si yo mal no siento,   2200
de alguno que dan tormento.
Oye con atento oído.

(Dice dentro el JUEZ *y responden[34].)*

JUEZ.	Decid la verdad, buen viejo.
FRONDOSO.	Un viejo, Laurencia mía,
	atormentan.
LAURENCIA.	¡Qué porfía! 2205
ESTEBAN.	Déjenme un poco.
JUEZ.	Ya os dejo.
	Decid, ¿quién mató a Fernando?
ESTEBAN.	Fuente Ovejuna lo hizo.
LAURENCIA.	Tu nombre, padre, eternizo.
FRONDOSO.	¡Bravo caso!

---

[34] La escena, al igual que la del asesinato del
comendador, se presenta en un doble plano: sobre el escenario Laurencia y Frondoso
comentan lo que pasa dentro —los hechos
más violentos— que el público no ve.

JUEZ.	¡Ese muchacho!	2210
	¡Aprieta[35], perro! Yo sé	
	que lo sabes. Di quién fue.	
	¿Callas? Aprieta, borracho.	
NIÑO.	Fuente Ovejuna, señor.	
JUEZ.	¡Por vida del rey, villanos,	2215
	que os ahorque con mis manos!	
	¿Quién mató al comendador?	
FRONDOSO.	¡Que a un niño le den tormento,	
	y niegue de aquesta suerte!	
LAURENCIA.	¡Bravo pueblo!	
FRONDOSO.	¡Bravo y fuerte!	2220
JUEZ.	¡Esa mujer al momento	
	en ese potro tened!	
	Dale esa mancuerda[36] luego.	
LAURENCIA.	Ya está de cólera ciego.	
JUEZ.	Que os he de matar, creed,	2225
	en ese potro, villanos.	
	¿Quién mató al comendador?	
PASCUALA.	Fuente Ovejuna, señor.	
JUEZ.	¡Dale!	
FRONDOSO.	Pensamientos vanos.	
LAURENCIA.	Pascuala niega, Frondoso.	2230
FRONDOSO.	Niegan niños; ¿qué te espantas?	
JUEZ.	Parece que los encantas.	

---

[35] *Aprieta... borracho:* el juez se dirige al verdugo, al que después llama *borracho* e *infame,* para que gire el torno con la finalidad de endurecer la tortura.

[36] *mancuerda:* tormento que consistía en atar al reo con ligaduras que se iban apretando por vueltas de una rueda.

	¡Aprieta!	
Pascuala.	¡Ay, cielo piadoso!	
Juez.	¡Aprieta, infame! ¿Estás sordo?	
Pascuala.	Fuente Ovejuna lo hizo.	2235
Juez.	Traedme aquel más rollizo…,	
	¡ese desnudo, ese gordo!	
Laurencia.	¡Pobre Mengo! Él es sin duda.	
Frondoso.	Temo que ha de confesar.	
Mengo.	¡Ay, ay!	
Juez.	Comienza a apretar.	2240
Mengo.	¡Ay!	
Juez.	¿Es menester ayuda?	
Mengo.	¡Ay, ay!	
Juez.	¿Quién mató, villano,	
	al señor comendador?	
Mengo.	¡Ay, yo lo diré, señor!	
Juez.	Afloja un poco la mano.	2245
Frondoso.	Él confiesa.	
Juez.	Al palo aplica	
	la espalda.	
Mengo.	Quedo³⁷, que yo	
	lo diré.	
Juez.	¿Quién le mató?	
Mengo.	Señor, Fuente Ovejunica.	
Juez.	¿Hay tan gran bellaquería?	2250
	Del dolor se están burlando.	
	En quien estaba esperando	
	niega con mayor porfía.	
	Dejadlos, que estoy cansado.	
Frondoso.	¡Oh, Mengo, bien te haga Dios!	2255

---

³⁷ *Quedo:* interjección para contener a alguien.

Temor que tuve de dos,
el tuyo me lo ha quitado.

(Salen, con MENGO, BARRILDO *y el* REGIDOR.*)*

BARRILDO.	¡Vítor[38], Mengo!	
REGIDOR.	Y con razón.	
BARRILDO.	¡Mengo, vítor!	
FRONDOSO.	Eso digo.	
MENGO.	¡Ay, ay!	
BARRILDO.	Toma, bebe, amigo.	2260
	Come.	
MENGO.	¡Ay, ay! ¿Qué es?	
BARRILDO.	Diacitrón[39].	
MENGO.	¡Ay, ay!	
FRONDOSO.	Echa de beber.	
BARRILDO.	Ya va.	
FRONDOSO.	Bien lo cuela. Bueno está.	
LAURENCIA.	Dale otra vez a comer.	2265
MENGO.	¡Ay, ay!	
BARRILDO.	Esta va por mí.	
LAURENCIA.	Solenemente lo embebe.	
FRONDOSO.	El que bien niega bien bebe.	
REGIDOR.	¿Quieres otra?	
MENGO.	¡Ay, ay! Sí, sí.	
FRONDOSO.	Bebe, que bien lo mereces.	2270
LAURENCIA.	A vez por vuelta las cuela.	
FRONDOSO.	Arrópale, que se hiela.	

---

[38] *Vítor:* interjección de alegría con que se aplaude algo o a alguien.
[39] *Diacitrón:* confitura hecha de cidra (fruto parecido al limón).

BARRILDO.	¿Quieres más?
MENGO.	Sí, otras tres veces.
	¡Ay, ay!
FRONDOSO.	Si hay vino pregunta.
BARRILDO.	Sí hay; bebe a tu placer, 2275
	que quien niega ha de beber.
	¿Qué tiene?
MENGO.	Una cierta punta[40].
	Vamos, que me arromadizo[41].
FRONDOSO.	Que vea, que este es mejor.
	¿Quién mató al comendador? 2280
MENGO.	Fuente Ovejunica lo hizo.

(Vanse. Quedan FRONDOSO *y* LAURENCIA.*)*

FRONDOSO.	Justo es que honores le den.
	Pero decidme, mi amor,
	¿quién mató al comendador?
LAURENCIA.	Fuente Ovejuna, mi bien. 2285
FRONDOSO.	¿Quién le mató?
LAURENCIA.	Dasme espanto.
	Pues Fuente Ovejuna fue.
FRONDOSO.	Y yo, ¿con qué te maté?
LAURENCIA.	¿Con qué? Con quererte tanto.

[Habitación de la reina.]
(Vanse, y salen el REY *y la* REINA *y, después,* MANRIQUE.*)*

---

40 *Tener punta el vino:* avinagrarse.
41 *me arromadizo:* me acatarro. Mengo, de broma, dice que le den más vino para prevenir resfriarse.

ISABEL.	No entendí, señor, hallaros	2290
	aquí, y es buena mi suerte.	
REY.	En nueva gloria convierte	
	mi vista el bien de miraros.	
	Iba a Portugal de paso	
	y llegar aquí fue fuerza.	2295
ISABEL.	Vuestra majestad le tuerza⁴²,	
	siendo conveniente el caso.	
REY.	¿Cómo dejáis a Castilla?	
ISABEL.	En paz queda, quieta y llana.	
REY.	Siendo vos la que la allana,	2300
	no lo tengo a maravilla.	

(Sale DON MANRIQUE.*)*

MANRIQUE.	Para ver vuestra presencia	
	el maestre de Calatrava,	
	que aquí de llegar acaba,	
	pide que le deis licencia.	2305
ISABEL.	Verle tenía deseado.	
MANRIQUE.	Mi fe, señora, os empeño,	
	que, aunque es en edad pequeño,	
	es valeroso soldado.	

(Sale el MAESTRE *y se retira* MANRIQUE.*)*

MAESTRE.	Rodrigo Téllez Girón,	2310
	que de loaros no acaba,	
	maestre de Calatrava,	
	os pide, humilde, perdón.	

---

⁴² *torcer el paso:* desviarse de su camino.

Confieso que fui engañado,
y que excedí de lo justo   2315
en cosas de vuestro gusto,
como mal aconsejado.
El consejo de Fernando
y el interés me engañó,
injusto fiel[43]; y así yo   2320
perdón humilde os demando.
Y si recibir merezco
esta merced que suplico,
desde aquí me certifico
en que a serviros me ofrezco.   2325
Y que en aquesta jornada
de Granada, adonde vais,
os prometo que veáis
el valor que hay en mi espada;
donde, sacándola apenas,   2330
dándoles fieras congojas,
plantaré mis cruces rojas
sobre sus altas almenas.
Y más, quinientos soldados
en serviros emplearé,   2335
junto con la firma y fe
de en mi vida disgustaros.

REY.   Alzad, maestre, del suelo,
que siempre que hayáis venido,
seréis muy bien recibido.   2340

MAESTRE.   Sois de afligidos consuelo.

---

[43] *fiel:* aguja que indica el peso de la balanza.
Aquí se refiere a que se ha desequilibrado la
balanza por regirse por el interés.

ISABEL.	Vos, con valor peregrino, sabéis bien decir y hacer.
MAESTRE.	Vos sois una bella Ester, y vos, un Jerjes[44] divino.

2345

(Sale MANRIQUE.*)*

MANRIQUE.	Señor, el pesquisidor que a Fuente Ovejuna ha ido, con el despacho[45] ha venido a verse ante tu valor.
REY.	Sed juez destos agresores.
MAESTRE.	Si a vos, señor, no mirara, sin duda les enseñara a matar comendadores.
REY.	Eso ya no os toca a vos.
ISABEL.	Yo confieso que he de ver el cargo en vuestro poder, si me lo concede Dios.

2350

2355

(Sale el JUEZ.*)*

JUEZ.	A Fuente Ovejuna fui de la suerte que has mandado, y con especial cuidado y diligencia asistí. Haciendo averiguación

2360

---

44 El maestre compara a los reyes con dos personajes bíblicos: Ester fue una judía que se
casó con el rey Jerjes y contribuyó a la salva-
ción de su pueblo.

45 *despacho:* encargo.

del cometido delito,
una hoja no se ha escrito
que sea en comprobación;   2365
porque, conformes a una,
con un valeroso pecho,
en pidiendo quién lo ha hecho,
responden: «Fuente Ovejuna».
Trescientos he atormentado   2370
con no pequeño rigor,
y te prometo, señor,
que más que esto no he sacado.
Hasta niños de diez años
al potro arrimé, y no ha sido   2375
posible haberlo inquirido
ni por halagos ni engaños.
Y pues tan mal se acomoda
el poderlo averiguar,
o los has de perdonar,   2380
o matar la villa toda.
Todos vienen ante ti
para más certificarte:
dellos podrás informarte.

REY.   Que entren, pues vienen, les di.   2385

(Salen los dos alcaldes, FRONDOSO, las mujeres y los villanos
que quisieren.)

LAURENCIA.   ¿Aquestos los reyes son?
FRONDOSO.   Y en Castilla poderosos.
LAURENCIA.   Por mi fe, que son hermosos:
    ¡bendígalos san Antón!
ISABEL.   ¿Los agresores son estos?   2390

ESTEBAN. Fuente Ovejuna, señora,
que humildes llegan agora
para serviros dispuestos.
La sobrada tiranía
y el insufrible rigor   2395
del muerto comendador,
que mil insultos hacía,
fue el autor de tanto daño.
Las haciendas nos robaba
y las doncellas forzaba,   2400
siendo de piedad extraño.

FRONDOSO. Tanto que aquesta zagala
que el cielo me ha concedido,
en que tan dichoso he sido
que nadie en dicha me iguala,   2405
cuando conmigo casó,
aquella primera noche,
mejor que si fuera suya,
a su casa la llevó;
y a no saberse guardar   2410
ella, que en virtud florece,
ya manifiesto parece
lo que pudiera pasar⁴⁶.

MENGO. ¿No es ya tiempo que hable yo?
Si me dais licencia, entiendo   2415
que os admiraréis, sabiendo
del modo que me trató.
Porque quise defender

---

⁴⁶ *y a no saberse guardar... lo que pudiera pasar:* las palabras de Frondoso dan a entender que el comendador no pudo consumar la violación de Laurencia.

una moza de su gente,
que, con término insolente, 2420
fuerza la querían hacer,
aquel perverso Nerón
de manera me ha tratado
que el reverso me ha dejado
como rueda de salmón. 2425
Tocaron mis atabales
tres hombres con tal porfía
que aún pienso que todavía
me duran los cardenales[47].
Gasté en este mal prolijo, 2430
porque el cuero se me curta,
polvos de arrayán y murta[48]
más que vale mi cortijo.

ESTEBAN. Señor, tuyos ser queremos.
Rey nuestro eres natural, 2435
y con título de tal
ya tus armas puesto habemos.
Esperamos tu clemencia,
y que veas, esperamos,
que en este caso te damos 2440
por abono[49] la inocencia.

REY. Pues no puede averiguarse
el suceso por escrito,
aunque fue grave el delito,

---

[47] Mengo repite en parecidos términos las imágenes con que les había explicado a las labradoras la paliza recibida.

[48] *arrayán y murta:* plantas con propiedades curativas.

[49] *abono:* garantía.

	por fuerza ha de perdonarse.	2445
	Y la villa es bien se quede	
	en mí, pues de mí se vale,	
	hasta ver si acaso sale	
	comendador que la herede.	
FRONDOSO.	Su majestad habla, en fin,	2450
	como quien tanto ha acertado.	
	Y aquí, discreto senado[50],	
	Fuente Ovejuna da fin.	

FINIS

---

[50] Era habitual finalizar la obra citando el título y aludiendo al público (se llamaba «senado» a cualquier auditorio respetable).

DESPUÉS DE LA LECTURA

Leyendo el XVII a través del XV desde el XXI

Algunas de las actividades que se proponen a continuación se centran en aspectos concretos de la obra o en complementar la información sobre el autor; y otras, aunque pueden resultar algo digresivas, nos permitirán conectar la obra con nuestro presente.

1. «Pues tales los hombres son»:

En la introducción, por razones obvias de espacio, tan solo hemos mencionado la multiplicidad de «Lopes» presentes en la memoria popular, sin abordar ni biografía ni obra en su conjunto. Su vida, aireada por todo Madrid, no fue ajena al fervor que despertaba su figura y su teatro; podríamos decir que fue el mayor *influencer* de su tiempo. Te propongo que te informes sobre su vida y obra y comentéis en clase lo que más os haya llamado la atención.

2. «¿Supiéraslo tú trovar / mejor que él está trovado?»:

El «creador de la comedia nacional» es también un destacado lírico y algunos de sus poemas son de una perfección e intensidad admirables. Para acercarnos, aunque sea muy superficialmente, a esta faceta te propongo la lectura de los poemas cuyos primeros versos tienes a continuación. Búscalos en la red para completarlos y leedlos en voz alta en clase:

2.1.   «Desmayarse, atreverse, estar furioso...».
2.2.   «A mis soledades voy...».
2.3.   «Resuelta en polvo ya, mas siempre hermosa».

2.4. «¿Quién mata con más rigor?».

2.5. «¿Qué tengo yo que mi amistad procuras?».

3. **«Otros, en quien la baja envidia cabe, / sus locos desatinos escribieron, / y con nombre de aquel que aborrecían, / impresos por el mundo los envían»:**

Estos versos parecen remitir a la experiencia del propio Lope, que se quejaba de que sus rivales o algunos editores le atribuyesen comedias que él no había escrito. Podrías indagar sobre si las atribuciones falsas eran frecuentes en la época de Lope, si ya se daban casos de usurpación de obras y personalidad. Por cierto, ¿le encuentras alguna similitud con el problema tan actual de las *fake news?*

4. **«Al val de Fuente Ovejuna / la niña en cabellos baja; / el caballero la sigue / de la Cruz de Calatrava…»:**

En la dramaturgia de Lope es muy frecuente la inclusión de cancioncillas populares en la trama de las comedias, a veces de tanta fuerza dramática como en *El caballero de Olmedo*. En la obra, se insertan en distintos momentos: en el primer acto, por ejemplo, para honrar y mostrar su lealtad al comendador (*Sea bien venido / el comendadore, / de rendir las tierras, / y matar los hombres);* en el segundo, al final del mismo, con los cantos de boda. Vamos a fijarnos en estos. Leed la escena con detenimiento y explicad en qué sentido afirmamos que esa canción tiene una función tanto premonitoria como de contraste.

5. **«Señor, / debajo de vuestro honor / vivir el pueblo desea»:**

En *Fuente Ovejuna,* a pesar de la pluralidad de sus temas, el del honor está en la raíz de todo cuanto sucede. «Los casos de la honra son mejores, porque mueven con fuerza a toda gente», aleccionaba

Lope en su *Arte nuevo.* Por cierto, honor y honra, aunque se utilicen como sinónimos, tienen matices distintos. Te propongo redactar un texto expositivo-argumentativo sobre «el honor en Fuente Ovejuna». Conviene que abordes los siguientes apartados, pero siéntete libre para estructurarlo a tu gusto e incluir lo que consideres pertinente:

a) Diferenciación entre los conceptos de honor y honra. Su importancia en el siglo XVII.
b) Concepciones diversas según la clase social y el sexo.
c) El honor hoy. Tu propia concepción del término.

6. **«La sobrada tiranía / y el insufrible rigor / del muerto comendador, / que mil insultos hacía, / fue el autor de tanto daño»:**

Un personaje se puede caracterizar por su proceder y actitudes, como actante, o a nivel atributivo, por lo que otros personajes dicen de él. Vamos a caracterizar «al malo de la película». Busca en el texto ejemplos de cómo lo califican el resto de los personajes y justifica los términos que utilizan cuando aluden a él en función de sus acciones. Por ejemplo, el alcalde entre otros términos lo tilda de insolente («después de sus insolencias, a sus criados la dio», vv. 1349-50), Barrildo de «bárbaro homicida, a todos quita el honor» (vv. 1485...). Luego apóyate en todas esas citas para hacer un retrato del personaje. Puedes hacer lo mismo con la pareja de enamorados.

7. **«Ya muero. / *[Dentro.]* ¡Piedad, Señor, que en tu clemencia espero!»:**

Hay varios momentos en que Lope, para no *herir la sensibilidad del público,* presenta fuera de escena tanto las torturas como el asesinato y la barbarie destructora del pueblo. Explica de qué procedimientos se vale el autor para que el público sepa lo que ocurre fuera del escenario. ¿Consideras este recurso un acierto?

8. **«Después que vemos tanto libro impreso, / no hay nadie que de sabio no presuma»:**

En *Fuente Ovejuna* encontramos insertas varias escenas que parecen estar desgajadas de la trama principal —aunque todas tienen su función—. Una de ellas es la conversación entre Leonelo y Barrildo sobre si la invención de la imprenta ha contribuido o no a ampliar la sabiduría de los hombres. Aunque su inclusión por parte de Lope parece un anacronismo (en la época en la que se sitúa la acción su aparición era tan reciente que era imposible tanta importancia), trata de encontrar qué función tiene, por qué la introduce Lope. Luego, debatid en clase si se puede establecer algún paralelismo entre la «revolución» que en el siglo xv supuso la imprenta y la que, cinco siglos después, llegó con internet.

9. **«¡También venís presentadas con lo demás!»:**

Aunque hoy haya cambiado tanto la realidad social y legal de la mujer, mirar al pasado es encontrar por doquier mil ejemplos de su consideración como ser subordinado al varón y como objeto. Como tal se refiere Ortuño a Laurencia y Pascuala cuando, al recriminarles su oposición a los intentos del comendador, las considera un «presente» más que añadir a los ofrecimientos que el pueblo ha rendido a su superior. Será interesante rastrear en la obra aquellos versos en los que se refleje esa consideración desigual y, de paso, analizar en qué punto nos situamos hoy. ¿Crees que en la sociedad actual se ha conseguido realmente la igualdad de sexos?

10. **«Para tu mal lo he mirado. / Ya no mía, del bagaje / del ejército has de ser»:**

En el caso de Jacinta, la entrega a la soldadesca para lo que, suponemos, será una violación colectiva, constituye el grado máximo no solo de su consideración como objeto —en este caso sexual—, sino de desprecio y utilización «admitida en sociedad» de la violencia contra la mujer. Pero, desgraciadamente, esto no es algo del pasado. No hace falta echar la vista muy atrás para encontrar ejemplos de casos parecidos (la violencia sexual sigue usándose como arma en países en guerra y los abusos de «las manadas» son recientes). Te sugiero buscar datos y estadísticas al respecto y, con ellos, trazar un panorama de la situación hoy.

11. **«Ya va mi copla, a la fe; / si le faltare algún pie, / enmiéndelo el más curioso»:**

Como apuntábamos en la introducción, la combinación estrófica se ajusta, en general, a lo defendido por Lope en su *Arte nuevo*. Vamos a fijarnos en el último acto para ejemplificar esa variedad métrica, que hace que en él se combinen redondillas, octavas reales, tercetos, romances, sonetos y coplas. Identifica a qué estrofa, de entre las citadas, corresponden a las tiradas de versos siguientes: 1654-1713; 1714-1849; 1850-1921; 1922-1949; 2037-2044; 2163-2176.

12. **«Si está presente, está cierta mi pena; / si está en ausencia, está cierta mi muerte»:**

En *Fuente Ovejuna*, Lope solo usa una vez el soneto: en el tercer acto, en un momento de transición entre el asesinato y la llegada del juez, Laurencia monologa expresando el temor que siente por la suerte de Frondoso. Explica su contenido, identifica sus figuras y trata de relacionar sus rasgos con los generales que caracterizan a la lírica de la época.

13. **«Pues sois piedras, pues sois bronces, / pues sois jaspes, pues sois tigres...»:**

Como ya hemos apuntado, el lenguaje de la obra se ajusta al decoro poético, aunque con flexibilidad. Igual que nos extrañaba la conversación filosófica entre labradores, nos choca el retoricismo —y el lenguaje culto— de la arenga de Laurencia tras ser deshonrada. Para corroborar esto y captar mejor su extraordinaria fuerza dramática, te propongo analizar por completo ese parlamento: estructura, matices, despliegue de figuras retóricas (paralelismo, metáfora, símil, interrogación retórica, hipérbaton, anáfora...), etc.

14. **«Y a no saberse guardar / ella, que en virtud florece, / ya manifiesto parece / lo que pudiera pasar»:**

Mucho se ha discutido sobre si Laurencia es o no violada por el comendador. Su aparición ante todos con el cabello desmelenado parece sugerirlo (v. 1752); sin embargo, las palabras de Frondoso al final de la obra (vv. 2413-2416) indican lo contrario (aunque estas también podrían entenderse como una «mentira piadosa»). Es un asunto complejo, ¿por qué tesis te decantarías tú? Por otro lado, ¿crees que afecta al desarrollo de los acontecimientos el que sea una violación real o un intento?

15. **«Cuando se alteran / los pueblos agraviados, y resuelven / nunca sin sangre o sin venganza vuelven»:**

Imagina que eres dibujante gráfico y te han encomendado diseñar una portada para una nueva edición de *Fuente Ovejuna.* Enseguida piensas en cómo plasmar lo que representa hoy (revuelta justificada, defensa de la libertad, alzamiento contra la tiranía, sentimiento de hermandad popular) y se te vienen a la mente obras pictóricas que asocias a esos sentimientos (*El abrazo*, de Juan Genovés, *La libertad guiando al pueblo*, de Delacroix...). ¿Podrías describir —o dibujar— cómo sería esa ilustración? ¿Se te ocurre algún otro cuadro que, aunque de forma parcial, pueda ser asociado a los valores o temas de esta obra?

16. **«Morir o dar muerte a los tiranos, / pues somos muchos, y ellos poca gente»:**

Leer o asistir a una representación de esta obra nos obliga a reflexionar sobre la violencia, el poder y la justicia. Podemos hacer esto en clase de forma más lúdica trabajando por grupos. He aquí algunas propuestas:

• Un debate ético siempre espinoso: ¿es «justificable» matar a un ser humano —un tirano— en beneficio de la colectividad, en busca del bien común?

• Recrear en clase el juicio que se hace ante los Reyes Católicos; imaginar cómo sería ese juicio si lo trasladamos a la actualidad, ¿se mantendrían argumentos parecidos?

17. **«Estad atento, y sabréis / la obligación que tenéis»:**

¿Quieres comprobar si has sido un lector atento? Identifica a qué personajes corresponden los siguientes versos, indica qué rasgos traslucen de los mismos y sitúalos en su contexto:

a) «Yo no sé filosofar; / leer... ¡ojalá supiera!».
b) «Que puesto que tenga culpa / en casos de gravedad / en todo mi poca edad / viene a ser quien me disculpa».
c) «Las casas y las viñas nos abrasan: / tiranos son; a la venganza vamos».
d) «A las fáciles mujeres / quiero bien y pago mal».
e) «Yo, hija, no soy de aquellos / que permiten que los nombres / con esos títulos viles».
f) «Dejadme entrar; que bien puedo, / en consejo de los hombres; / que bien puede una mujer, si no a dar voto, a dar voces».
g) «Yo me conformo / con mi estado, y pues me es / guardar la vida forzoso / con la ballesta me voy».

CÁTEDRA BASE

Otros títulos de la colección